Nur die Stille stillt
Mythos Mysterium Mystik
Johannes Neuhardt

müry salzmann

Ein Wort zuvor

Die Stille stillt,
indem sie Welt und Dinge
in ihr Wesen austrägt.
(Martin Heidegger)

Herrscht hier „Gottesluft" (Gottfried Bachl), in der man noch den Lockruf der Amsel vernehmen kann? Da wir alle unter dem Diktat des Terminkalenders stöhnen, wäre es an der Zeit, einmal loszulassen und die leisen Zwischentöne in der Stille des Lesens zu hören.

In sieben Sommern durfte ich bei den Freunden der Salzburger Festspiele Worte der Deutung, der Einkehr und der Zuversicht sagen. Sie sind hier erstmals versammelt. Vielleicht können sie ein wenig mithelfen, das Wesen zur An-Wesen-heit werden zu lassen und so Welt und Dinge in der Freiheit des Lauschens neu zu erleben.

Advent 2018   Johannes Neuhardt

Vom Lichtglanz geblendet

Zur Uraufführung von Wolfgang Rihms Opernphantasie „Dionysos. Szenen und Dithyramben" nach Texten von Friedrich Nietzsche Vortrag am 5. August 2010

Der Stadt Salzburg, die Hugo von Hofmannsthal das „Herz vom Herzen Europas" genannt hat, steht es immer, aber insbesondere heute an, den Wurzeln europäischer Existenz nachzugehen. Für den Innsbrucker Theologen Hugo Rahner ruht unser Kontinent auf drei Säulen: auf dem griechischen Denken, auf der römischen Staatskunst und auf der Weisheit der Mönche.

Will man Wert und Wirkung dieser Vergangenheit ergründen, muss man sich zunächst nach Athen begeben, wo im Theater des Dionysos im fünften Jahrhundert vor Christus die griechischen Tragödien ihre Uraufführung erlebten. Es soll uns dabei bewusst werden, dass das griechische Theater seinen Ursprung in den Chorliedern zu Ehren dieses Gottes Dionysos hat. Engstens waren diese Theateraufführungen an den Dionysos-Mythos gebunden. Alle Bürger, ohne Unterschied von Klasse und Stand, versammelten sich dort. Ziel dieser Theateraufführungen war es, durch Aufmerksamkeit erregende Beispiele das Mitgefühl des Zuschauers zu wecken und eine Läuterung, die Reinigung der Seele (griechisch: *Katharsis*) auszulösen.

Zuerst soll Dionysos unter die Lupe genommen werden – dieser Gott der Transformation, der Metamorphosis. Warum bleibt diese Gestalt sowohl für die modernen Künste als auch für die moderne anthropologisch-religionsgeschichtliche Forschung unverzichtbar und dennoch unverfügbar? Und zum anderen soll das Wort *Mysterium* hinterfragt werden. Dieses Wort, mit dem mancher Unfug getrieben wurde und wird, gehört auf seine wahre Bedeutung zurückgeführt. Schlussendlich soll auch die bis heute präsente Dionysosgestalt im christlichen Kleid nähergebracht werden. Ob wir solche Erkundungsgänge in der Ost- oder in der Westkirche wagen, ist letztlich einerlei, fündig werden wir an allen Orten.

Vermutlich schon um die Mitte des zweiten vorchristlichen Jahrtausends ist diese Gestalt in Griechenland nachweisbar – der wilde Gott, der durch die Bergwälder Thrakiens rast, der die Urkraft alles Vitalen in sich birgt, der Menschen und Tiere zur Raserei bringt und der zugleich der Gott der edelsten Kulturpflanze, des Weines, ist. Der trunkenmachende Wein ist aber gepaart mit dem nüchtern machenden Efeu: Sein Erkennungszeichen, der Thyrsosstab, ist stets mit Efeublättern umwunden.

Der Dionysoskult ist in der gesamten Antike verbreitet. Es gibt kein Theater ohne Dionysosaltar und den dort diensttuenden Priester oder der Priesterin. Ein Zentralheiligtum ist nicht bekannt. Dionysos begegnet uns allerorten in der Antike.

Er ist der erste uns bekannte Gott-Mensch, denn er ist der Sohn des ewigen Zeus, und seine Mutter ist eine sterbliche Frau, die Tochter des Königs von Theben: Semele. Seine Geburt ist reichlich mysteriös: Er wird aus dem Mutterleib der sterbenden Semele herausgezogen, aber erst im Schenkel des Zeus vollendet er sich zum Sohn Gottes. Er ist nicht nur seiner Zeugung nach gottmenschlich, sondern auch gemäß seiner Geburt. Dieses göttliche Kind, dessen Lächeln der Welt Frieden und Freude bringt, ist im Mythos und in der Kunst mit allem Glanz dargestellt worden. Dionysos reist durch die gesamte bewohnte Welt, um den Menschen das höchste Glück, den Weinstock, zu bringen. Schon bei Euripides gibt es eine Erzählung, in der Dionysos Wasser in Wein verwandelt. In einer anderen Szene ist er der Erlöser Ariadnes. Von ihrem Liebhaber betrogen und auf der öden Insel Naxos zurückgelassen, wird sie von Dionysos auf einer seiner Reisen gefunden und befreit, und dann nimmt er sie zur Gattin. Dieser Gott ist immer Erlöser – griechisch: *Lyaios* – nicht nur, durch den Wein, Löser der Zunge, sondern auch Löser der Herzen. Zahlreiche Feste ranken sich um diese Hochzeit des Dionysos mit Ariadne. Aber auch Dionysos erleidet das Schicksal, das nach Mysterienglauben jeder Gott erleidet, der auf die Erde kommt. Er muss sterben. In zwei Formen wird sein Tod erzählt; einmal zerreißen ihn die Titanen, und in der anderen Version wird er Opfer seines eigenen Segens, weil ihn weintrunkene Bauern erschlagen.

Doch dann entreißt Athene dem toten Gott das noch zuckende Herz, um das herum Zeus einen neuen Dionysos bildet. So deutet der Mythos die Auferstehung des Gottes an. Der neue Dionysos hat nicht mehr nur die Macht in der irdischen Welt, er vermag auch den Toten Heil und Glück zu bringen.

Deshalb erweckt er zunächst seine Mutter Semele und dann seine inzwischen verstorbene Gattin Ariadne, schließlich aber alle, die im Leben mit ihm gewandert sind. So entsteht das Abbild der fröhlichen Dionysosgefolgschaft im Jenseits, wie sie auf den Sarkophagen der Spätantike zu sehen ist.

Es versteht sich eigentlich von selbst, dass auf Basis dieser jenseitigen Dionysosgesellschaft wiederum ein neuer Mythos entsteht. Über die Praktiken bei der Einweihung in den Dionysosmythos ist zwar wenig bekannt, aber im Mittelpunkt stand stets die Liturgie einer heiligen Hochzeit, die allerdings mit mythisch zu verstehenden Geißelungen (mittels einer Rute) dargestellt wird; dazu eine Menge von Früchten, Weintrauben und Darstellungen des Phallus, also der Betonung der segnenden und lebenserzeugenden Kraft Gottes.

Auch der Thyrsosstab gehört immer zu dieser Einweihung in den Dionysoskult. Es ist das Rohr, in dem Prometheus das den Göttern gestohlene Feuer verborgen hatte, um es den Menschen auf die Erde zu bringen. Auch hier werden Bezüge offenbar: Dionysos ist sozusagen der neue Prometheus, der, diesmal auf Seite der Götter, die Menschen mit dem göttlichen Feuer beschenkt. Wenn der Myste bei der Weihe einen Thyrsosstab anfasst, nimmt er – in der Ekstase des Weines – das Feuer der göttlichen Inspiration in Besitz. Dionysoskulte sind allezeit fröhlich, denn Dionysos wohnt nicht in irgendeinem Tempel und wartet, bis die Menschen zu ihm kommen, sondern er geht auf die Straße. Das Wichtigste, was die Weihe bewirkt, ist jedoch die Vereinigung von Mensch und Gott. Das kann sowohl rein äußerlich, im Wein, geschehen, sodass der Wein im vergeistigten Sinne noch Symbol bleibt, der Mensch selbst aber wird zum Dionysos. Es sind vor allem Herrscher gewesen, die aus dieser Vereinigung ihre Kraft schöpften und die sich seit der Ptolemäer-Zeit (332–330 v.Chr.) als neuen Dionysos feiern ließen.

Es bilden sich ganze Dionysos-Gemeinden, in denen viel Brüderlichkeit und gegenseitige Fürsorge geübt wird – wie in einem sozial-caritativen Verein. Der Geist des Dionysos bleibt noch bis in die Spätantike lebendig. Dionysos ist neben Eleusis bei Athen das Urmysterium, und beide haben sehr merklich Spuren hinterlassen.

In einer Welt, in der nur gilt, was man zählen, messen und wägen kann, ist eine Besinnung auf die ganz andere Art der Weltaneignung der Antike hilfreich, auf ihre dialektische Weise des Denkens und Sprechens. Die Griechen kannten zwei gleichwertige, sich ergänzende Prinzipien, die es nicht zu vermischen galt: den *Logos* (die Vernunft) und den *Mythos*.

Logos war der pragmatische Denkmodus, mit dessen Hilfe die Menschen in der Welt wirken konnten. Er musste daher mit der äußeren Realität übereinstimmen. Ihn brauchte man, um effiziente Waffen herzustellen, eine Expedition zu planen oder die Gesellschaft zu organisieren und deren Wissen zu ordnen. Als zu Beginn des 20. Jahrhunderts Sigmund Freud und später auch C. G. Jung die wissenschaftliche Suche nach der Seele begannen, wandten sie sich instinktiv den antiken Mythen zu. Sie sahen darin nicht einfach Erzählungen, sondern überzeitliche anthropologische Muster. Wir haben es also beim Mythos mit einer ganzheitlichen Erscheinung zu tun, wie sie in einer zersplitterten Welt, in der Denken, Fühlen und Handeln stets im Widerstreit stehen, sehr selten erfahrbar geworden ist. Schon deshalb gehören sie zum Großartigsten, was menschliche Geistesgeschichte birgt. Das griechische Wort *myein* heißt wörtlich „den Mund und die Augen schließen". Warum? Weil man dem Lichtglanz der Erfahrung sonst nicht standhalten kann.

Um einen solchen Mythos herum entstehen deshalb Mysterien. Die Herrlichkeit der Mysterien verträgt keine Profanierung. Alle Mysterien gehen von der Überzeugung aus, dass mitten in dieser Welt eine von außen kommende, eine transzendente Wirklichkeit erscheint, die man erleben kann. Allerdings können wir dieses Transzendente nur durch Zeichen erfassen, denn wir sind in unserer Raum-Zeitlichkeit nicht dafür gemacht, das Überräumliche und Überzeitliche logisch zu fassen. Sophokles (497–405 v. Chr.) hat diese Erfahrung so in Worte gefasst: „Zum Weisen spricht der Gott im dunklen Wort."

Wo der Mythos seinen Anfang nimmt, lässt sich nicht beantworten. Mysterium heißt also zunächst, über das Zeichen des Mythos letzte Erkenntnisse von der Gesamtstruktur allen Seins zu haben, was somit ein Blick hinein in die Gottheit oder die Weltseele selbst ist. Dass man vor dieser grandiosen Schau die Augen schließen muss, versteht sich von selbst.

Wie aber wird der Myste einer solchen Schau teilhaftig? Dafür gibt es verschiedene Wege, die aber nicht alle zum selben Ziel führen. Ein Weg ist die Meditation; aber die Mysterien sind diesem Weg gegenüber sehr misstrauisch, denn die Subjektivität des meditierenden Menschen ist allzu leicht geneigt, sich über die Objektivität des Mythos zu erheben.

Die zweite Möglichkeit ist das schlichte *Sich-überzeugen-Lassen* von der Wahrheit des Mythos. Das meint etwa Platon, wenn einer sich vom Mythos der Totenrichter, der auf der Insel der Seligen erwartet wird, hat überzeugen lassen. Dasselbe meint Paulus mit dem Wort, das wir meist als *Glaube* übersetzen. Im ersten Johannes-Brief des Neuen Testaments heißt es sinngemäß: „Wir haben erkannt und uns überzeugen lassen..." (Kapitel 4,16). Das ist der Weg des Mythos.

Fides et ratio, also Glaube und Vernunft, gehören zusammen. Ein *sacrificium intellectus*, ein Verstandesopfer, ist nicht gefordert. Kein Mysterium verträgt ein „Ich glaube, *weil* es absurd ist." („Credo quia absurdum est.")

Damit aber wäre das Mysterium noch nicht begriffen. Über diese Stufen hinaus gibt es noch eine höhere Stufe. Es ist die eigentliche Schau mit ihren beiden Bestandteilen des Enthusiasmus und der Ekstase. Meist im Augenblick der Mysterienweihe, aber nicht nur dort, wird der sich dem Göttlichen öffnende Mensch in dieses Geheimnis als ganzer hineingezogen. Er schaut „was kein Auge gesehen und kein Ohr gehört hat" (1. Korinther 2,9). Hier ist der Punkt, wo Mysterium zur Mystik wird.

Nun ist aber die Erkenntnis nur die eine Seite der Bedeutung des Mysteriums für den Menschen, denn die Begegnung ist eben nicht nur Schau und Wissen, sondern es erfasst den ganzen Menschen. Das Mysterium wird zum Zentralsten überhaupt erst, weil es den Menschen verwandelt. Neugeburt, Gottähnlichkeit, Auferstehung, Heil und Erlösung – das alles sind Worte für diese Tatsachen, die sich nur graduell unterscheiden. Der alte Mensch muss in irgendeiner Form sterben, damit der neue erweckt werden kann. Der Mensch, der durch das Mysterium gegangen ist, nimmt die göttlichen Eigenschaften, die sich in göttlichem Handeln zeigen, an oder er ringt wenigstens täglich um sie. Wesentlich dabei ist, dass es sich um eine sozial-ethische Erneuerung handelt.

Cicero sagt rückblickend auf die Mysterienpraxis, diese habe die Menschen zur Humanität, zur rechten Lebensführung und zur besseren Hoffnung im Sterben gebracht. Mit solch schicksalshafter Verbundenheit von Mysteriengottheit und

Myste in Geburt und Tod sind die Grenzen des Menschen und zugleich deren Relativierung im *Stirb und Werde* markiert.

Die Mysteriengemeinde ist die Gemeinde der von Unwissenheit und Tod Befreiten und zugleich die Gemeinde einer neuen hiesigen Welt, in der der Kaiser gleichwertig und gleichrangig mit dem Sklaven zusammen isst und trinkt und in der alle äußeren Unterschiede völlig nebensächlich werden: „Es gibt nicht mehr Juden und Griechen, nicht Sklaven und Freie, nicht Mann und Frau; denn ihr alle seid ‚einer' in Christus Jesus." (Galater 3,28) – Das ist die Umsetzung des griechischen Mysterienkultes in die Sprache des Neuen Testamentes.

Es muss hier noch von einer Gestalt die Rede sein, die stets im Kielwasser des Dionysosmythos zu finden ist. Die Rede ist von Orpheus. Denn in seinem Kult ist die Freude am irdischen Leben, die Dionysos den Menschen zu bringen im Stande war, auch auf das Jenseits ausgedehnt, denn mit der Macht seiner herz- und steinerweichenden Musik war es diesem göttlichen Sänger möglich, die Unterwelt zu besiegen und Hades zur Herausgabe seiner durch den Schlangenbiss so früh verstorbenen Gemahlin Eurydike zu bewegen. Er ist der einzige, der in der Unterwelt war und – zurückgekehrt ist; auch wenn er das Entscheidende nicht zustande brachte, weil er dem Verbot des Sich-Umschauens zuwider gehandelt hat. Er kommt zurück und lehrt nun die Menschen, wie man von den Mächten des Hades Erlösung erlangen kann. Orpheus ist der Erfinder der Magie. Er lehrt die Menschen, welche magische Kraft die Steine besitzen. Die grundsätzlich negative Einschätzung des Todes, die die Griechen ursprünglich hatten, wurde durch Orpheus total umgewandelt. Sterben ist nun ein Gewinn. Sokrates findet im Tod – so sagt er – gar nichts Furchtbares, sondern vielmehr etwas Gutes, denn entweder bedeute er, dass man selber überhaupt nicht mehr ist und daher als Toter keine Empfindung hat, oder aber der Tod gleichsam eine Übersiedlung von hier an einen anderen Ort ist, in dem sich alle Verstorbenen befinden. Deshalb werden dem Leichnam Goldplättchen mitgegeben, meist in die erloschenen Augenhöhlen gelegt, die ihn belehren, wie er sich im Jenseits zurechtfinden kann.

Wenn zum Schluss noch ein Blick auf das Fortleben griechischer Mysteriensprache in unserer heutigen christlichen Existenz gemacht wird, so sind gerade in Hinblick auf unser Thema des Dionysos und des Orpheus zwei Bemerkungen angebracht:

Mit keinem Wort spricht das Neue Testament und auch das älteste Symbolon des Christentums (das Glaubensbekenntnis des Konzils von Nikaia 325) davon, was zwischen dem Kreuzestod Jesu am Karfreitag und seiner Auferstehung an Ostern geschehen ist. Erst das apostolische Glaubensbekenntnis (von Konstantinopel, 381) hat den Satz „Hinabgestiegen in das Reich des Todes" aufgenommen, den wir noch heute sprechen. Das ist der größte Triumph griechischer Orphik im Neuen Testament. Der auferstandene Jesus ist der neue Orpheus, der zurückkommt mit seiner Beute. Denn die Darstellung vom Abstieg ins Totenreich, die vor allem in der Ostkirche bekannt ist, auf der Christus die Tore des Hades aufsprengt und alle Menschen, die seit Adam und Eva gelebt haben, als seine Beute aus dem Kerker der Unterwelt herausführt, das ist das wahre Osterbild.

Der Auferstandene ist also der Überwinder des Todes. Er hat die Fürsten der Unterwelt erweicht, er kennt sich aus im Jenseits, er hat mit eigenen Augen gesehen, welche Gefahren zu bestehen sind. Zu recht also bekennt der Christ: „Nicht mehr ich lebe, sondern Christus lebt in mir". (Galater 2,20)

Wer weiß, ob das Leben ein Sterben ist, das Sterben aber Leben? So heißt es bereits in dem orphisch inspirierten Werk des Euripides.

Das andere Beispiel des Weiterlebens griechischer Mysterienkulte in christlichem Gewand ist mit dem Datum des 6. Januar verbunden. Jedem, der das christliche Kirchenjahr feiert, ist es zum wiederholten Mal aufgefallen, dass wir Weihnachten zweimal begehen: am 25. Dezember die Geburt und am 6. Januar die Erscheinung des Gottessohnes. Warum? Weil man es nicht anders fertigbrachte, als diesen zutiefst in der Denkvorstellung der Menschen verankerten Dionysoskult in das Christentum zu integrieren.

Zu welchen Problemen der Dionysoskult auch im alten Israel geführt hat, zeigt uns die Stelle im zweiten Makkabäerbuch (Kapitel 6,7). Die Szene spielt unter dem Seleukiden Antiochos IV. Epiphanes (175–164 v. Chr.) in der syrischen Stadt Ptolemais – dem Akkon der Kreuzfahrerzeit. Unter großer Erbitterung wurden die Juden gezwungen, sich am Fest der Dionysien zu Ehren des griechischen Gottes mit Efeu zu bekränzen und in der Prozession mitzugehen.

Im Morgengebet, das die Kirche des Westens noch heute jedes Jahr am 6. Januar anstimmt, steht der schöne Satz: „Heute wurde die Kirche dem himmlischen Bräutigam vermählt: Im Jordan wusch Christus sie rein von ihren Sünden, die Weisen eilen mit Geschenken zur königlichen Hochzeit.

Wasser wird in Wein gewandelt und erfreut die Gäste."

Es war offenbar anders nicht möglich, den noch immer lebendigen Dionysoskult zu integrieren, denn seine Epiphanie, sein Erscheinen, war am Dionysos-Hochfest des 6. Januar noch allgegenwärtig.

So darf es auch nicht wundern, dass das im vierten Evangelium berichtete Wunder der Hochzeit von Kana eine Dionysosgeschichte reinsten Wassers ist. Den Ort Kana mit dem Finger auf der Landkarte zu suchen, ist vergebliche Liebesmühe. Kana ist die hebräische Übersetzung des griechischen Thyrsosstabes. Dort also ist Dionysos zugegen, und dieser neue Dionysos, um den es nun geht und der die Wasser des Lebens in der Freude des Heiligen Geistes zum Sprudeln bringt, dieser Jesus, der als Christus bezeichnet wird, ist das Mysterium, das Geschichte geworden ist, das Geheimnis des Glaubens – und nur dieses Mysterium tröstet.

Dionysos und sein Gefolge

Mit dem Christentum werde ich nicht fertig

Zur Uraufführung von Wolfgang Rihms Opernphantasie „Dionysos. Szenen und Dithyramben" nach Texten von Friedrich Nietzsche Vortrag am 25. August 2010

Es gibt – zumindest *vor* dem Vorhang der Geschichte – keinen zweiten Denker, der die Widersprüche seiner Zeit und inbesondere des Christentums bis zum Zerreißen seiner Persönlichkeit erlitten und in einer Sprachmusik ohnegleichen dargestellt hat wie Friedrich Nietzsche.

„Mit dem Christentum werde ich nicht fertig" – diesen starken Satz findet man in seinen nachgelassenen Notizen. Und so soll uns hier die Gottesverstörung dieses Geistesgiganten beschäftigen. Dieser Mann war gleichsam das „Erdbeben seiner Epoche".

Noch fünfzig Jahre nach Nietzsches Tod stellte Gottfried Benn in seinem Nietzsche-Essay fest: „Eigentlich hat alles, was meine Generation diskutierte, innerlich sich auseinander dachte, erlitt, man kann auch sagen breittrat – alles das hatte sich bereits bei Nietzsche ausgesprochen und erschöpft. Er ist, wie sich immer deutlicher gezeigt, der weit reichende Gigant der nachgoethischen Epoche." Nietzsche sah kommen – und der Gedanke machte ihm Schrecken – was für Unberechtigte und gänzlich Ungeeignete sich einmal auf seine Autorität berufen würden. Er wollte Zäune um seine Gedanken haben, „… dass mir nicht in meine Gärten die Schweine und Schwärmer brechen."

Ich möchte zunächst die geistige Position Nietzsches ein wenig ausleuchten, also darstellen, woher dieser Gigant stammt und welche Positionen seine geistige Welt markieren, welche Gottesbilder er zertrümmern will und wohin uns schließlich die Bilder seiner Dionysos-Dithyramben führen. Nicht die übliche Biographie wird hier geboten, wie sie in einem Lexikon ohnedies nachlesbar ist, sondern Nietzsches Selbsteinschätzung, die sich allerdings im Laufe seiner aktiven Jahre wesentlich gewandelt hat.

„Nietzsche ist nicht zu erschöpfen. Er ist als ganzes nicht ein Problem, das zu lösen wäre", meinte der Philosoph Karl Jaspers. In Nietzsches Gedicht „Ecce homo", einem frühen Gedicht aus der „Fröhlichen Wissenschaft" und nicht zu verwechseln mit der späteren autobiografischen Schrift, sieht er sich so:

> „Ja, ich weiß, woher ich stamme,
> Ungesättigt gleich der Flamme
> Glühe und verzehr ich mich.
> Licht wird alles, was ich fasse,
> Kohle alles, was ich lasse.
> Flamme bin ich sicherlich."

Um diese Verse Nietzsches richtig verstehen zu können, ist es wichtig zu wissen, dass er sich erstaunlich absolut denkt. Daher immer wieder und immer schriller auch der Hinweis auf seine Originalität, die er sachlich-inhaltlich sieht. Misstrauen gegen seine Position ist ihm fremd.

In Jaspers Werk „Nietzsche und das Christentum" aus dem Jahr 1938 tritt klar zu Tage, dass Philosphieren für Nietzsche ein Netzauswerfen und Fischen war und stets auch ein solches blieb, denn den archimedischen Punkt, von dem aus die denkerischen Dinge transparent und bindend werden, konnte auch er nicht finden.

Um aus dem großen Chor der Nietzschekenner noch die Stimme von Stefan Zweig zu Gehör zu bringen: Nach diesem ist Nietzsche der „Don Juan der Erkenntnis", dem es auf die ewige Lebendigkeit ankommt, nicht auf das ewige Leben. Seine Leidenschaft zur Erkenntnis entstammt einer geradezu antipodischen Welt der Gefühle. Seine Einstellung zur Wahrheit hat durchaus dämonische Züge. Sie ist neugierige Lust, die sich nie befriedigt und nie erschöpft, die nirgendwo und niemals stehen bleibt, sondern über alle Antworten hinaus ungeduldig weiterfragt. Nietzsche sucht durch alle Erkenntnis hindurch die einzig wahre Erkenntnis, und dennoch reizt ihn allein das Fragen und Suchen. Er weiß letztlich, dass kein Erkenntnisakt ein wirkliches Zu-Ende-Kommen ist. Deshalb auch sein Zorn gegen Kant, weil dieser dem Gottesbegriff eine heimliche Tür in sein System gewährte. Mit dieser Tür ist natürlich der kategorische Imperativ – also die Vernunftmoral – aus der „Kritik der praktischen Vernunft" gemeint. Nietzsche hingegen treibt Philosophie im Sinne einer künstlerischen Inspiration. Er sieht sich als Mundstück, als Medium übermächtiger Gewalten. Seine Philosophie macht tatsächlich den Eindruck – um an ein Wort seines „Zarathustra" zu erinnern –, als ob die Dinge selber an ihn herankämen und Gleichnis sein möchten:

„Alles Sein will hier Wort werden, alles
Werden will hier von mir reden lernen."

Er nennt sich den „bei weitem furchtbarsten Menschen, den es bisher gegeben hat", dessen Wohltätigkeit der Lust am Vernichten entstammt und der in beidem doch nur seiner dionysischen Natur gehorcht, welche das „Nein-Tun nicht vom Ja-Sagen zu trennen weiß".

Die entscheidenden Auskünfte gibt aber der mit dem exorbitanten Titel „Warum ich ein Schicksal bin" überschriebene Schluss seines Werkes „Ecce homo": „Ich widerspreche, wie nie widersprochen worden ist und bin trotzdem der Gegensatz eines neinsagenden Geistes. Ich bin ein froher Botschafter, wie es keinen gab, ich kenne Aufgaben von einer Höhe, dass der Begriff dafür bisher gefehlt hat; erst von mir an gibt es wieder Hoffnungen."

Man muss kein großer Theologe sein, um hierin eine Anspielung an Jesu frohe Botschaft in der Bergpredigt zu hören: „Euch ist gesagt worden, ich aber sage euch…"

Das sinnenfeindliche und deshalb sinnentleerte Christentum hat er mit aller Vehemenz angegriffen und vorgeführt. Mit dieser Ablehnung verwarf er auch dessen Geschichtskonzept, das sich vom Beginn der Schöpfung an auf das Ziel des Wiederkommens Christi am Ende der Zeit orientiert. Dieses jüdisch-christliche Konzept verläuft linear und nicht zyklisch wie das antike Modell der ewig in sich kreisenden Welt.
Damit hat Nietzsche die Prognose Friedrich Hegels vom ständigen Fortschritt im Bewusstsein der Freiheit entmachtet. Wenn es keinen Gott mehr gibt, dann muss die Welt ewig um sich selbst kreisen. Damit geriet Nietzsche selbst in diese Kreisbewegung hinein.

In der „Fröhlichen Wissenschaft" schlüpft der Autor Nietzsche in das Gewand des „tollen Menschen", der am hellen Vormittag eine Laterne anzündet, auf den Markt läuft, um den im Dunklen tappenden Menschen etwas zu verkünden, was offenbar deren geistigen Horizont übersteigt, und unaufhörlich schreit:
„‚Ich suche Gott!'

Da dort gerade viele von denen zusammenstanden, welche nicht an Gott glaubten, so erregte er ein großes Gelächter.
Ist er denn verloren gegangen? sagte der eine. Hat er sich verlaufen wie ein Kind? sagte der andere. Oder hält er sich versteckt? Fürchtet er sich vor uns? Ist er zu Schiff gegangen? ausgewandert? – so schrien und lachten sie durcheinander.
Der tolle Mensch sprang mitten unter sie und durchbohrte sie mit seinen Blicken.
‚Wohin ist Gott?' rief er, ‚ich will es euch sagen! Wir haben ihn getötet – ihr und ich!
Wir sind seine Mörder! Aber wie haben wir dies gemacht?
Wie vermochten wir das Meer auszutrinken?
Wer gab uns den Schwamm, um den ganzen Horizont wegzuwischen?
Was taten wir, als wir diese Erde von ihrer Sonne losketteten?'"

Diese dramatische Szene macht uns eindringlich mit der Überzeugung Nietzsches bekannt, die der Ausgangspunkt seines existenziellen geistigen Ringens war, dieses „ungeheuere Ereignis" – wie er sich ausdrückt: „Gott ist tot. Gott bleibt tot."

Aber in Nietzsches zyklischem Weltbild war mit der Toderklärung Gottes eigentlich nicht das letzte Wort gesprochen – vielmehr musste er mit seiner Wiederkehr rechnen, wie er dann auch in wiederholten Äußerungen bezeugte. Freilich schwebte Nietzsche dabei die Idee einer dogmen- und ritenlosen Gottesverehrung vor.

Diese in Kenntnis von Heinrich Heines „Zur Geschichte der Religion und Philosophie in Deutschland" aus dem Jahr 1834 geschriebene Parabel vom „tollen Menschen" gipfelt in den Bildern vom leer getrunkenen Meer, vom weggewischten Horizont und in der von ihrer Sonne losgeketteten und nun ins Leere stürzenden Erde.

Aber warum musste dieser Gott sterben?

Weil der Mensch es nicht erträgt, dass ein solcher Zeuge lebt. Durch den Mund des als Gottesmörder entlarvten „hässlichsten" Menschen lässt Nietzsche sagen, dass dieser Gott sterben *musste*! Der Gott, der alles sah, sah eben auch den Menschen. Der Blick des liebend mitwissenden Gottes wird im Bild Nietzsches in den Pfeil verwandelt, der ins Innerste des Menschen eindringt und ihn so zerreißt. Vom Pfeil des göttlichen Blickes getroffen, bleibt dem in seiner Integrität bedrohten Menschen keine andere Wahl, als sich das tödliche Geschoß aus der Seele zu reißen und sich des göttlichen Jägers dadurch zu erwehren, dass er ihn leugnet.

Nietzsche gibt zu, dass er mit seiner Gotteskritik im Grunde nur den moralischen Gott widerlegt,

Gott also seine moralische Haut auszieht. Indessen bleibt diesem enthäuteten Gott dann immer noch der Leib seiner institutionellen Selbstdarstellung in der Kirche.

Wie müssen wir das verstehen?
Nietzsche glaubt, die Realität seiner Zeit so begreifen zu müssen, dass Gott, der sicht- und fühlbar in der Geschichte hervorgetreten war, nun kein Leben mehr ausstrahlt. Zwar wird auf mancherlei Weise von Gott gesprochen und auf ihn hingewiesen, aber seine Gegenwart ist keine ursprüngliche mehr. Tritt an die Stelle eines erlebten Gottes ein nur denkendes Herstellen Gottes aus den Vorstellungen der Vergangenheit, so findet eine Entleerung statt, die Nietzsche in Bezug auf das Göttliche überall feststellte. Nirgendwo hat er dies klarer ausgesprochen, als im „Wahr-Sager" dieses neuzeitlichen Bewusstseins, im „Zarathustra":
„– und ich sahe eine große Traurigkeit über die Menschen kommen. Die Besten wurden ihrer Werke müde.
Eine Lehre erging, ein Glauben lief neben ihr: ‚Alles ist leer, Alles ist gleich, Alles war!'
Und von allen Hügeln klang es wieder: ‚Alles ist leer, Alles ist gleich, Alles war!'
Wohl haben wir geerntet: aber warum wurden alle Früchte uns faul und braun? Was fiel vom bösen Monde bei der letzten Nacht hernieder?"

Diesen Zustand hat Nietzsche gesehen, und ihn mit seinem Wort vom Tod Gottes zu einem äußersten Ausdruck gebracht. Er, der in solchen Dingen überwach war, fühlte, dass mit dem Ausbleiben des lebendigen Gottes kein Gedanke und keine Frage mehr einen echten Grund, kein Handeln mehr ein belebendes Ziel haben könne und dass also nach diesem Ereignis jeder Gedanke und jedes Tun in einem Nichts ohne Ende schweben müsse. Er spürt den europäischen Nihilismus wie ein Gespenst hervorkommen, welches dem Tode Gottes unweigerlich auf dem Fuß folgen muss, wie er in der „Fröhlichen Wissenschaft" prophetisch erfasst. Auch erleidet er die dazugehörende Einsamkeit, von deren erschütternden Zeugnissen sein ganzes Leben durchzogen ist.

„Das größte neuere Ereignis – dass ‚Gott tot ist', dass der Glaube an den christlichen Gott unglaubwürdig geworden ist – beginnt bereits seine ersten Schatten über Europa zu werfen ... Diese lange Fülle und Folge von Abbruch, Zerstörung, Untergang, Umsturz, die nun bevorsteht: wer erriete heute schon genug davon?"

Auf diesem Weg ist es nicht zu verhindern, dass jene Mythen gewaltigen Auftrieb bekommen, die versprechen, den Menschen aus seiner Vereinsamung zu befreien und ihn in den lebendigen Zusammenhang des Alls zurückzuführen. Nietzsche sucht den Mythos, der in geheimnisvoller Weise das einsame, oft verzagende Ich mit der rätselhaften Natur verbindet und es in ihrem Herzschlag fühlen lässt. Das Christentum lehnt er in aller Schärfe ab, nicht jedoch die Gestalt Jesu. Der große Franzose André Gide, ein deklarierter Nichtchrist, meinte gar: „Dem Evangelium gegenüber war die unmittelbare, die ursprüngliche Reaktion Nietzsches die Eifersucht. Mir scheint nicht, dass man das Werk Nietzsches recht verstehen kann, ohne dieses Gefühl zu berücksichtigen. Nietzsche war eifersüchtig auf Christen, eifersüchtig bis zur Raserei. Oft machte er sich geradezu die Form der Seligpreisungen zu eigen, um dann gegen sie Front zu machen."

So ist es wohl verständlich, dass Nietzsche den Weg zurück in die Antike sucht. Schon in seinem Erstlingswerk „Die Geburt der Tragödie aus dem Geiste der Musik" (1872) hat er sich ja mit dieser Thematik beschäftigt. Dabei kommt ihm sehr zustatten, dass der griechische Gottesbegriff ein Prädikatsbegriff ist, d.h., das dem Menschen ergreifende und übersteigende Mysterium erhält das Prädikat *Gott.*

Es heißt also nicht, wie im Christentum, Gott ist Liebe, sondern die den Menschen heimsuchende Kraft der Liebe trägt den Namen Eros, Aphrodite, Venus. Im Glauben von Alt-Hellas sind die Götter innerweltliche Kräfte und Gestalten. Das Überwältigende, das den Menschen zutiefst betroffen macht oder seinen Weg bestimmt, trägt göttliche Züge. Wirkende Mächte wie Sonne, Mond, Wind, Wetter, Quellen und Flüsse, aber auch die im Leben erfahrbaren Mächte von Recht und Liebe, Krieg und Frieden, sind göttlich. Selbst Rainer Maria Rilke dichtet noch: „Nur Götter sind. Durch ihre Spiegel ziehen wir vor dem Hintergrund von Tier und Pflanze."

Muss es einen also noch wundern, dass in den dionysischen Dithyramben das Thema Einsamkeit einen so breiten Raum einnimmt? Der Nihilismus braucht eben immer neue Mythen, um nicht in Passivität zu versinken.
„Ohne Mythus aber geht jede Kultur ihrer gesunden schöpferischen Naturkraft verlustig; erst ein mit Mythen umstellter Horizont schließt eine ganze Kulturbewegung zur Einheit ab." (Die Geburt der Tragödie, Kapitel 23)

So also ruft Nietzsche nach Mythen, die er als Leugner eines persönlichen Gottes folgerichtig in den geheimnisvollen Kräften der Natur suchen muss; und damit ist er im frühen Hellas. Er war der Meinung, dass die Schönheit von den Griechen aus unendlichem Schmerz erkämpft worden ist. Nur weil sie so namenlos am Elend des Daseins gelitten haben, sei das Wunder der Schönheit über ihnen aufgegangen. Das heitere Griechenbild, das den Freunden der Antike seit Winckelmann vorschwebt, erschien ihm allzu naiv.

Sein Selbstverständnis, Prophet einer neuen Lehre, Erzieher zu einem besseren Menschentum zu werden, sind die ihn leitenden Vorstellungen. Der „Zarathustra" ist die mächtigste erzieherische Utopie, die seit Platon ein sokratischer Wille auftürmte. *Erzieherisch mächtig,* wohl gemerkt, nicht als Wahrheit mächtig.

Die Antwort und Rechtfertigung im Fall des Sokrates hieß Platon. Aber Nietzsches Wort, Nietzsches neuem Gebot antwortete kein Platon. In einem Brief an Franz Overbeck schrieb Nietzsche: „Nach einem solchen Anrufe, wie mein Zarathustra es war, aus der innersten Seele heraus, nicht einen Laut von Antwort zu hören, nichts, nichts, immer nur die lautlose nunmehr vertausendfachte Einsamkeit, das hat etwas über alle Begriffe Furchtbares. Daran kann der Stärkste zugrunde gehen, aber ich bin nicht der stärkste."

Wechselweise bezeichnet sich Nietzsche als „Dionysos" und als „der Gekreuzigte", einmal sogar als „Dionysos, der Gekreuzigte". Unwillkürlich erinnert das an den Satz im „Antichrist", wonach der Gekreuzigte nicht nur durch seine

Henker, sondern *in ihnen* litt und liebte – ein Zeugnis für Nietzsches tiefste Einfühlung in das Passionsgeschehen. Wurde er, der vehemente Gegner, am Ende von der Wahrheit dieses Satzes eingeholt?

Steht am Anfang von Nietzsches Christentums-kritik eine Frage, so stand am Anfang seines Ver-hältnisses zu Jesus dessen Blick. „Von Lieb ent-glommen", versichert ein Jugendgedicht, „strahlt mir dein Blick ins Herz hinein, Herr ich komme." Mit zunehmender Entfremdung verwandelt sich dieser Liebesblick in sein Gegenteil – in einen das Innerste zerreißenden Pfeil, wie Ariadne in den Dionysos-Dithyramben beklagt.

Wenige Tage vor Nietzsches Zusammenbruch in Turin ließ er am 3. Jänner 1889 Cosima Wagner wissen: „Es ist ein Vorurteil, dass ich ein Mensch bin, aber ich habe schon oft unter den Menschen gelebt und kenne Alles, was Menschen erleben können, vom Niedrigsten bis zum Höchsten. Ich bin unter Indern Buddha, in Griechenland Diony-sos gewesen. … Die Himmel freuen sich, dass ich da bin. Ich habe auch am Kreuz gehangen." Bis zu diesem Identitätstausch gelangte Nietzsche im Zuge seiner verfallenden Individualität. Die-se Doppelbezeichnung empfand er offensichtlich als doppelte Negation, als Aufhebung der Vernei-nung in dem Verneinten.

In diesem Zusammenhang wird seine Auslegung der Kreuzesworte Jesu auf neue Weise lesbar, vor allem aber der darauf hinführende, von profunder Einfühlung zeugende Satz: „Und er bittet, er leidet, er liebt in denen, die ihm Böses tun." Wahrscheinlich meint sich Nietzsche damit auch selbst. Das setzt sich bruchlos fort, in das von ihm zwar falsch bezogene, aber genial interpretierte Wort an den Mitgekreuzigten (Lukas 23,43): „Wenn du dies fühlst, so bist du im Paradiese, so bist du ein Kind Gottes."

„Hat man mich verstanden; – *Dionysos gegen den Gekreuzigten*." In „Ecce homo" schloss sich Nietzsches Denken, das sonst eher den Eindruck einer permanenten Fluchtbewegung erweckt, tatsächlich zum Ring.

Nietzsches literarische Produktion endet in einem Doppelgipfel von hintergründiger Bedeutung. Zunächst im „Antichrist", der einem folgenschweren Eingeständnis gleichkommt. Im selben Maß, wie er in diesem abschließenden Urteilsspruch seinem Hass die Zügel schießen lässt, ersetzt er in einer Korrektur letzter Hand den ursprünglich vorgesehenen Untertitel „Versuch einer Kritik des Christentums. Erstes Buch der Umwertung aller Werte" durch „Fluch auf das Christentum". Erst vor diesem Hintergrund wird der zweite Gipfel,

der als Autobiographie konzipierte Lebensrück-
blick „Ecce homo", voll verständlich. Aber mit der
solcherart vollzogenen Überwindung des Christentums scheint er selbst nicht das letzte Wort gesprochen zu haben. Er bekennt sich vielmehr in
aller Form dazu, wenn er sogar im „Antichrist"
betont: „Das echte ursprüngliche Christentum
wird zu allen Zeiten möglich sein."

Gegen alle noch so tief eingewurzelten Vorur-
teile ist die Verständigung möglich, weil es nicht
nur den verschwiegenen Unglauben im Glauben,
sondern auch sein Gegenteil gibt, wie es der letzte
Papst in Nietzsches „Zarathustra" darstellt. Als
Sprecher des durch seinen Tod gegenstandslos
gewordenen Gottes Zarathustra – diesem „Besie-
ger Gottes und des Nichts" –, dem er das Wort vor
Augen hält: Du bist frömmer als du glaubst mit
einem solchen Unglauben.

Verwandlung ist alles

Zu „Jedermann oder das Spiel vom
Sterben des reichen Mannes" von
Hugo von Hofmannsthal
Vortrag am 29. Juli 2015

Nach mehr als 500 Aufführungen auf dem Salzburger Domplatz – Sommer für Sommer mehrfach übergebucht – erweist sich das Hofmannsthalsche Schauspiel „Jedermann" seit 1920 fast ohne Unterbrechung als Magnet und Markenzeichen der Salzburger Festspiele. Ist das Stück nur ein Kassenschlager, oder ist es auch ein Wegweiser auf der Reise nach innen? Alle Versuche, einen neuen, zeitgemäßeren Stoff – etwa von Bertolt Brecht oder Peter Handke – als Ersatz auf die Bühne zu bringen, liefen ins Leere.

Aber passt der „Jedermann" überhaupt noch in unsere Zeit? Würde Hugo von Hofmannsthal heute, also 100 Jahre später, an dieses Thema gehen, würde er aus seiner Vorlage des mittelalterlichen „Everyman" wohl etwas anderes machen – nach der Erfahrung der unerhörten Blutschuld des 20. Jahrhunderts mit Millionen Toten auf den Schlachtfeldern und in den Gaskammern, in den Konzentrationslagern und Gulags sämtlicher Diktaturen. Gewiss: Der Jedermann ist ein Lebemensch, den es auch heute zuhauf gibt, ein asozialer Kapitalist, der Geltung hat, weil er Geld hat. Aber er hat weder Bomben geworfen noch Flugzeuge in Hochhäuser gelenkt. Dennoch: Das Schweigen Tausender Besucher, die nach der Vorstellung den Domplatz in augenscheinlicher Berührt- oder Betroffenheit verlassen, spricht für sich. Gewiss ist die geistige Großwetterlage unserer Tage eine gänzlich andere als jene im Jahr der Uraufführung, die neun Jahre vor der ersten Salzburger Aufführung in Berlin stattfand. Nach der zweiten Vorstellung im Zirkus Schumann ebendort schrieb Hugo von Hofmannsthal am 8. Dezember 1911: „Wundervoll, zweite Aufführung von Jedermann heute. Menschen wie Richard Strauss saßen da mit tränenüberströmtem Gesicht – das hätte ich nie gedacht!"

Heute lässt sich solches kaum nachvollziehen. Vielmehr trifft zu, was Reinhold Schneider in seinem Buch „Winter in Wien" schon 1957 auf den Punkt gebracht hat:

„Wenn der Mensch das ewige Leben weder ersehnt noch fürchtet – und dieser Zone sind wir sehr nah – verdorrt das Korn für immer. Der Glaube an Auferstehung setzt den Wunsch nach Auferstehung voraus – oder die Angst vor dem Nichts."

In dem tiefgreifenden Paradigmen- und Zeitenwechsel, den wir gegenwärtig erleben, kann uns – das ist meine Überzeugung – der Salzburger „Jedermann" den Weg in die Zukunft weisen. Denn mindestens ebenso weltverändernd wie die kopernikanische Wende war das von Albert Einstein ausgelöste physikalische Weltbild des 20. Jahrhunderts. Der Physiker kommentiert die Erfahrung mit seiner eigenen neuen Theorie, der

Relativitätstheorie, nach Alice Calaprice so: „Es war, wie wenn einem der Boden unter den Füßen weggezogen worden wäre, ohne dass sich irgendwo fester Grund zeigte, auf dem man hätte bauen können."

Da passiert es leicht, dass Menschen die Orientierung verlieren oder in eine Identitätskrise geraten. Max Planck stellte in seiner „Wissenschaftlichen Selbstbiographie" einmal nüchtern fest: „Eine neue wissenschaftliche Wahrheit pflegt sich nicht in der Weise durchzusetzen, dass ihre Gegner sich als bekehrt ausgeben, sondern vielmehr dadurch, dass die Gegner allmählich aussterben und die heranwachsende Generation von vornherein mit der Wahrheit vertraut gemacht ist."

Ähnliches gilt auch für die Sphäre des Religiösen. Die in der Tradition Verwurzelten befürchten das Zerbrechen der alten Rituale und Überzeugungen, während die Aufgeschlossenen genau darin Hoffnung für eine neue Religiosität sehen. Es ist leider eine Tatsache, dass sogenannte Christen jahrzehntelang zur Kirche gehen, ohne sagen zu können, wie die biblische Überlieferung von *Auferstehung und Himmelfahrt* zu verstehen wäre.

Angesichts solcher Befunde ist es angebracht, die für heute relevante Botschaft des Stückes „Jedermann" herauszuarbeiten. Was sagt uns das Schauspiel über den Menschen, über seine Lebenszeit, über seinen Glauben?

Vorangestellt sei jener kühne Gedanke, dass Gott nicht *ist*, sondern *wird*. Gott *wird* im Raum der Zeit und der Geschichte. Gott offenbart sich in der Geschichte als in einem dynamischen Prozess. Glaube kann daher niemals bedeuten, über die ewigen Werte und Wahrheiten letztgültige Kenntnis zu haben. Vielmehr ist Glaube ein existenzielles Vertrauen, und letztendliche Wirklichkeitserfahrung ist stets das Geschenk ganzheitlichen Verstehens. Allen Menschen ist so auch eine Tür in die Spiritualität anderer Religionen geöffnet, wie sie etwa die Islamwissenschaftlerin Annemarie Schimmel in Richtung Sufismus, Friedrich Weinreb in die jüdische Mystik aufstießen oder auch der Jesuit Hugo Enomiya-Lassalle, der den Zen-Buddhismus für Christen erschlossen hat. Dennoch steht das Lernen der Religionen und Konfessionen voneinander erst am Anfang.

Es darf mit gutem Grund angenommen werden, dass das Christentum in Zukunft meta-dogmatisch sein wird; sicherlich aber es wird mystisch sein. Der Lehrer des Mittelalters, Thomas von Aquin, versteht darunter die „cognitio Dei experimentalis", was bedeutet, dass Mystik eine Gotteserfahrung ist, die sich im Experiment, also im Tun zeigt. Dieser ganz und gar erfahrungsbezogene Ansatz hat in der langen Kirchengeschichte eine sträfliche Vernachlässigung erfahren. Allmählich aber wird er zum entscheidenden Kriterium, denn so mancher Mensch von heute will wissen, ob er durch Religion, Glaube und Kirche zu einer tieferen Erfahrung seiner selbst, des Lebens und seiner Beziehungen zur Welt gelangen kann.

In der Sprache des Münsteraner Theologen Johann Baptist Metz lässt sich Religion am kürzesten mit dem Wort *Unterbrechung* zusammenfassen. Die Ladung „Jedermanns" vor Gottes Richterstuhl ist die Unterbrechung seines bisherigen Lebens. Jeder Sonntag ist Unterbrechung oder sollte es zumindest sein. Wer gläubige Muslime fünfmal am Tag zum Beten gehen sieht, spürt, was gemeint ist. Wir müssen gegenwärtig in einem schmerzvollen Lernprozess erfahren, dass unendliches Wachstum in einer endlichen Welt *unterbrochen* werden muss.

Religiöse Wahrheit ist also nicht als eine theologische Aussage in einem Satz als solchen zu finden, sondern nur im Ganzen unseres Lebens. Das Christentum muss sich heute nämlich vor einer Kritik behaupten, die dem methodischen Zweifel entstammt, der also das Christentum als überholt ansieht. Auch geht der von der Großkirche geleistete ‚Klimaschutz' zu Ende, und das ist wahrscheinlich gut so.

Alle Glaubenssätze scheinen heute ausgetrocknet, zumal sie Denkvorstellungen entstammen, die nicht mehr verständlich oder vermittelbar sind. Auf diesem bröckelnden Hintergrund muss die Botschaft des „Jedermann" für heute beschrieben werden. Die magischen, mythologischen Sichtweisen sind zwar zerbrochen, beherrschen aber vielerorts immer noch die kirchliche Rederoutine.

„Die Weltgeschichte ist das Weltgericht", meinte Friedrich Schiller bereits 1784 in seinem Gedicht „Resignation", was nichts anderes heißt, als dass die Taten des Menschen Folgen haben. Mit jedem Tag zeigt sich das deutlicher. Wir sind schockiert, weil sich zusätzlich zum bedrohlichen Vernichtungsarsenal das Klima drastisch verändert, Katastrophen sich häufen und mächtige Menschen verantwortliches Handeln weithin vermissen lassen. Wir begreifen allmählich, wie eng wir alle miteinander vernetzt sind, sodass klar ist: Es ist der Weg in die Zukunft nur Arm in Arm und Hand in Hand zu bewältigen. Heute kann niemand mehr ernsthaft glauben, auf einer Insel der Seligen zu leben.

Was in der Hofmannsthalschen Sprache „Gute Werke" genannt ist, meint in Wirklichkeit nichts

anderes, als dass wir von uns aus auf andere hin-
leben müssen. Das bedeutet eigentlich *Christentum*. Aber unser gegenwärtiges Christentum wird
von einem Großteil der Menschen längst nicht
mehr als relevant erlebt. Sicherlich hat es schon oft
Brüche im Lauf der Kirchengeschichte gegeben,
und auch dieses Mal wird das Ergebnis nicht das
Ende des Christentums sein. Vielmehr wird ein in
Formeln erstarrter Glaube – das ist meine Überzeugung – einer Botschaft der Freundschaft mit Jesus Platz machen. Fast scheint es, das Genie Hugo
von Hofmannsthal habe dies instinktsicherer vor-
ausgefühlt als so mancher kirchlicher Amtsträger.

Sein Jedermann macht in diesem Stück eine drei-
fache Wandlung durch:
Als der Bote Gottes, der Tod, Jedermann die
Dringlichkeit der Ladung vor Gottes Richterstuhl
kundtut und eine Fristverlängerung nicht ge-
währt, kommt Jedermann die Armseligkeit seiner
Position zu Bewusstsein. Nach bewährter Art versucht er sich in diesem Moment mit einem Verstandesglauben zu retten:

> „Ich glaub die zwölf Artikel mit Fleiß,
> die ich von Kindschulzeiten weiß."

Aber der Glaube akzeptiert diese Position nicht.
Vielmehr heißt es: „Hier führt keine Brück hin-
über." Jedermann versteht allmählich, dass er von
einem reinen Verstandesglauben zum Erlebnis-

glauben kommen muss. Das bedeutet, dass der Glaube nicht aus gelernten und hergesagten Sätzen besteht, sondern Herz und Sinn erfasst hat. Beim Gehen aus dieser Welt wird die Frage nicht lauten: Hast du deinen Katechismus auswendig gekonnt? Sondern: Bist du auf den Geschmack des Glaubens gekommen?

Und dieser Glaube an Gott kommt nur in der Erfahrung des Menschen zur Sprache. Diese vielfältigen Erfahrungen sind es, die in den Religionen der Menschheit ihren Niederschlag finden. Deshalb ist jede Religion geschichtlicher Natur. Absoluten Wahrheitsansprüchen ist von vornherein der Boden entzogen. Die Wahrheitsfrage wird damit nicht überflüssig, sie darf und soll sich religiöser Wirklichkeit sprachlich so weit wie möglich annähern, sich aber bewusst sein, dass Sätze und Theorien niemals die ganze Wirklichkeit fassen. Nicht der Glaube an Lehren und Sätze, sondern der Glaube an Gott führt den Menschen zum Ziel.

Die zweite Wandlung, die Jedermann vollzieht, ist jene vom Leistungs- zum Erlösungsglauben. Wiederum steht ihm der ‚Formelglaube' im Weg, als er meint, dass er nicht würdig sei, der Erlösung durch den Tod Christi am Kreuz teilhaftig werden zu können:

> „Doch ich weiß, solches kommt zu gut
> nur dem, der heilig ist und gut:

durch gute Werk und Frommheit eben
erkauft er sich ein ewig Leben."
Gemäß dieser weit verbreiteten Auffassung ist
das Christentum eine ‚Leistungsgesellschaft auf
religiös'. Dies aber widerspricht der Frohbotschaft des Evangeliums diametral. Denn Gott
rettet ohne Vorleistung. Wir müssen nicht zuerst
‚brav' sein, um die Belohnung zu bekommen.
„Lasst euch erlösen, nicht erlöst euch selbst!" –
Dazu ruft Paulus im zweiten Korintherbrief auf
(Kapitel 5). Glauben heißt also: Wurzelschlagen in
einem geschenkten Grund. Und Erlösung meint
nicht Abschiednehmen von der Welt, sondern ein
Gehen mit der Welt.

Die Behauptung, unsere heutige Zeit sei säkula-
rer als frühere Zeiten, ist vermutlich eine Fehl-
deutung. Viele meinen sogar, unsere Zeit sei
gekennzeichnet von enormen religiösen Such-
bewegungen. Zweifellos aber gibt es eine tiefe
Kluft zwischen Kirchlichkeit und Religiosität.
Glauben bedeutet jedenfalls, Abschied zu nehmen von jeglicher Macher-Ideologie. Wir Menschen können uns den Himmel weder erbeten,
noch eropfern, weder erarbeiten noch erleiden.
Wir können ihn uns nur schenken lassen.

Die dritte Wandlung schließlich, die Jedermann in
diesem Stück durchmacht, ist jene von der Droh-

botschaft zur Frohbotschaft. Womit hier abgerechnet wird, ist die ‚Falle' Nietzsches, der – wie unzählige Menschen immer noch – meinte: Einen Gott, der nicht straft, braucht man nicht ernst zu nehmen. Das ist auch Jedermanns ursprüngliche Einstellung:

> „Gott straft erschrecklich, schlug den
> Pharao, schlug Sodom und Gomorrha,
> schlug, schlug, schlug."

Diesem Glauben an einen strafenden Gott muss Jedermann in einer großen Kehrtwendung abschwören, denn das Heil wird ihm umsonst geschenkt, nicht aufgrund von Verdiensten. Alle unsere Gerichtsvorstellungen müssen von dieser Drohbotschaft gereinigt werden. Als ob es im Gericht um Aburteilung ginge! Richten heißt einrichten, aufrichten, Gebrochenes zueinander fügen. Franz Kafka wusste das: „Im Gericht aber täuschst du dich", sagt der Geistliche zu Herrn K. in „Der Prozess".

Das Christentum ist eben die große Liebeserklärung Gottes an die Welt – es bringt die Botschaft der Heimholung und nicht der Verwerfung. Immanuel Kant hat dies 1794 in seiner Schrift „Vom Ende aller Dinge" formuliert, wo er fragt, wann denn dieses Ende gekommen sei, und gibt die erstaunliche Antwort: „Dann, wenn das Christentum aufhört, liebenswürdig zu sein." Wenn

Gottes Gebote nur aus Furcht vor Strafe gehalten werden, folgert Kant, ist das Christentum nicht mehr liebenswürdig.

Die tiefste Veränderung Jedermanns ereignet sich daher, wenn er zur Religion der Liebenswürdigkeit vordringt. Freilich ist dies meist ein langer Weg. Peter Handke hat in seinem Märchen-Roman „Die Abwesenheit" geradezu einen Hymnus auf das Gehen dieses Weges geschrieben. „Nur der Geher holt sich ein und kommt zu sich. Nur, was der Geher denkt, gilt. Das Gehen ist das freieste Spiel. Der Segen des Ortes ist ein Gehsegen. Oh mein unsterblicher Appetit auf das Gehen, auf das Zum-Ort-Hinausgehen, auf das Ewig-so-Weitergehen."

Die prägende Begegnung Israels mit seinem Gott findet nicht in der Abgeschlossenheit eines festen Raumes statt, sondern draußen, im Freien, unterwegs – im brennenden Dornbusch, aus dem heraus sein Name – *Jahwe* – offenbar wird, was so viel heißt wie: „Ich bin, der ich bin" oder „Ich bin der, der ich sein werde", jedenfalls der, der da ist.

Der biblische Gott ist ein Wege-Gott, den wir nur finden können, wenn wir aufbrechen und in Bewegung kommen. Allein aber schaffen wir das nicht. Ohne eine Entgegenkunft aus dem göttlichen Seinsgrund kann der Mensch seine Bestimmung nicht erreichen. Seine eigene Identität wird ihm – im Angesicht des unvermeidlichen Todes – zum Problem: „Quaestio mihi factus sum", sagt Augustinus in seinen „Bekenntnissen"; „ich bin mir selbst zum Problem geworden". Jesus, der – obwohl schuldlos – den Tod am Kreuz in Liebe angenommen und gelitten hat, hat den Tod so überwunden. Nur die Liebe ist stärker als er.

Kaum jemand hat die ungeheuren Weitungen des Christusglaubens so eindrücklich ins Wort gebracht wie der Hofmannsthal-Freund und süd-mährische Konvertit Rudolf Kassner, der in den 1920er Jahren in Hofmannsthals Schlössl in Ro-daun zusammen mit Rainer Maria Rilke, Stefan Zweig, Anton Kuh oder Karl Kraus ein- und aus-gegangen ist. 1938 musste er, wie viele andere, aus Wien flüchten und landete in der Schweiz. Dort starb er 1959. Auf seinen Grabstein in Siders im Kanton Wallis hat er die Worte setzen lassen: „Seit Christus Jesus geht die Grenze mit uns." Das be-deutet, dass die Grenze nicht mehr eine Wand ist, an der wir uns wund rennen, dass Grenze zwar Grenze bleibt, sie aber versetzbar geworden ist im *Mit-Christus-Gehen*. Auch diese besondere, befrei-ende Erfahrung drückt sich im Jedermann aus.

Die Botschaft des „Jedermann" bedeutet also nicht, wie so oft und gründlich missverstanden, dass man mit der Verwandlung bis zur Sterbe-stunde warten kann oder gar soll. Seine Botschaft ist vielmehr die Erkenntnis der Notwendigkeit zur Verwandlung, der Wunsch nach Verwand-lung. Genau das symbolisiert auch das ‚Bühnen-bild' des „Jedermann" – die Fassade des Salzbur-ger Domes: Die Figuren am Giebel zeigen Moses und Elias, wie sie auf dem Berg Tabor Jesus – dem Salvator – begegnen: „Und seine Kleider wurden blendend weiß wie das Licht." (Matthäus 17,2) Das ist die Botschaft der Fassade wie des Stücks: Verwandlung ist alles.

Das Bleibende ist, was geliebt wird

Zu Krzysztof Pendereckis „Passio et mors Domini nostri Iesu Christi secundum Lucam"
Lukaspassion für Soli, Sprecher, drei gemischte Chöre, Knabenchor und Orchester
Vortrag am 20. Juli 2018

Auf die Frage: „Glauben Sie an ein Leben nach dem Tod?", antwortete die österreichische Dichterin Marie-Luise Kaschnitz einmal mit diesen Versen:

„Aber dann wusste ich
Keine Antwort zu geben
Wie das aussehen sollte ... Nur Liebe
frei gewordene
Niemals aufgezehrte
Mich überflutend."

Die Salzburger Festspiele 2018 wurden mit einem Schlüsselwerk der Musikgeschichte des 20. Jahrhunderts eröffnet – mit Krzysztof Pendereckis „Lukaspassion". Schon bei deren Uraufführung 1966 im Dom zu Münster war sie ein überwältigender Erfolg gewesen. Von da an standen dem Krakauer Komponisten alle großen Konzertsäle der Welt offen. Wer dieses Oratorium heute zu verstehen versucht, muss aber zunächst nach den Entstehungsumständen fragen.

Zur Zeit der Uraufführung gab Penderecki auf die Frage, warum er ausgerechnet diesen biblischen Text gewählt habe, zwei interessante Antworten. Die erste: In den beiden großen Passionen von Johann Sebastian Bach, also in der Matthäus- und in der Johannespassion, wird die darin gezeichnete Gestalt Jesu durch die Musik für ihn zum Glaubenszeugnis. Bereits Friedrich Wilhelm Hegel, der

Philosoph des Absoluten, hat die Musik ja als die christlichste aller Künste genannt. Die „Lukaspassion" sollte nach dem Willen Pendereckis von der Trauer in die Zuversicht führen. Und die zweite Antwort des Komponisten lautete: Die Sprache dieses Evangeliums sei für ihn die schönste des Neuen Testaments. Auch ließ er keinen Zweifel daran, dass in der damaligen Wirklichkeit der poststalinistischen polnischen Diktatur Christus zur einzigen Hoffnung geworden war.

Wie aber soll ohne Verharmlosung in unserer Zeit Rechenschaft gegeben werden von einer solchen Hoffnung?
Wenn der Engel des Todes all den nichtigen Müll, den wir unsere Geschichte nennen, aus den Räumen unseres Geistes hinausgeschafft hat, wird dann das bisherige, wenn auch noch so lange Leben nur als eine kurze Explosion der Freiheit erscheinen? Oft kam es uns ja vor wie in Zeitlupe gedehnt... Oder kann durch ein Eintreten in die offenstehende Gegenwart Gottes dieses Leben Sinn, Zuversicht und Freude gewinnen?

Diese „Lukaspassion", welche der Künstler mit „Passio et mors Domini nostri Iesu Christi secundum Lucam" überschrieben hat, ist trotz der unerhörten Geschehnisse eine *frohe Botschaft in Noten*, eine einzige Epiphanie des Göttlichen, eine Verkündigung Christi als des Gekreuzigten, der allen alles geworden ist. Dieser tritt erniedrigt vor uns – in seinem Durchgang durch das Leiden, ausgelöst von der rasenden, anfangs begeisterten, jetzt erbosten Menge – und bleibt bei uns. Das Bleibende – so können wir schließen – ist das, was geliebt wird. Das Hier und Heute ist stets jener Moment, der ein endzeitliches, ein für immer Bleibendes bereits enthält.

Die „Lukaspassion" von Penderecki ist keine Totenfeier. Vielmehr ist sie ein Ruf ins Leben: „Heute noch wirst du bei mir im Paradies sein." Sterben müssen wir, sterben werden wir, um zu leben.

Wer war dieser Lukas, dessen Text Penderecki seiner Sprache wegen gewählt hat?

Der Name Lukas ist eine Herkunftsbezeichnung: Lukas war der Mann, der aus Lukanien kam. Dies ist jene Gegend im heutigen Süditalien, die in der Antike als *Magna Graecia* (Großgriechenland) bezeichnet wurde. Was sonst über den Autor bekannt ist, ist mager. Wir kennen weder den Zeitpunkt noch den Ort seiner Geburt, noch viel weniger den Zeitpunkt und den Ort der Abfassung des dritten Evangeliums. Wir wissen nur mit Sicherheit, dass er Jesus nie gesehen hat. Er ist ein Mann der zweiten, wenn nicht sogar der dritten Generation, der zwischen 70 und 80 nach Christus – wahrscheinlich im heutigen Syrien –

dieses Evangelium vollendet hat. Lukas tat dies im Auftrag eines vornehmen Römers namens Theophilus, dem er im Vorwort nach griechischer Sitte für die Unterstützung dankt und die es ihm ermöglicht hat, die ausgedehnte Reise nach Palästina zu unternehmen und allen Ereignissen nachzugehen, die von diesem Jesus handeln. Er selbst war also kein Augenzeuge.

Seine Sprache ist die eines griechisch gebildeten Menschen, der auch gute Kenntnisse auf medizinischem Gebiet besaß. Ob er mit dem Arzt Lukas identisch ist, den Paulus in mehreren seiner Briefe am Schluss grüßen lässt, muss im Dunkeln bleiben. Dass er – wenn schon nicht zum mosaischen Glauben übergetreten – so doch als gottesfürchtiger Sympathisant im Jerusalemer Tempel ein- und ausgegangen ist, ist sehr wahrscheinlich, da er sich in vielen jüdischen Bräuchen bestens zurechtfand. Diese Stadt, das irdische und das himmlische Jerusalem, sind für ihn das A und O seines Lebens.

Krzysztof Penderecki hat als Regimegegner guten Grund, seinem gesamten Oratorium nicht seine Muttersprache Polnisch, sondern Latein als Sprache der Vulgata, der ältesten Übersetzung des griechischen Originals, zugrunde zu legen, die in der Liturgie der Kirche – auch 1966 – als einzige Version des Textes gedient hat.

Dieses Oratorium von siebzig Minuten Spieldauer gliedert sich in zwei große Teile. Der erste schildert den Gründonnerstagsgang Jesu auf den Ölberg, dort das Blutschwitzen in der Verlassenheit, dann die Gefangennahme, den Gang zum Verhör ins Haus des Pilatus, die Leugnung Petrus', ihn jemals gekannt zu haben, die Verspottung vor dem Hohepriester sowie die Szene, in der Pilatus sich Mühe gibt, Jesus freizubekommen.

Teil zwei der „Passion" beginnt mit einem düsteren Choral: Es ist die Szene der Kreuztragung, der Dialog mit den weinenden Frauen auf dem Weg, die äußerst knappe Erwähnung der Kreuzigung und schließlich das Gespräch mit den zwei Räubern.

Dem Lukas-Text werden andere biblische Erzählungen und liturgische Texte zur Meditation hinzugefügt. Gemäß katholischem Ritus sind es die Improperien (von lat. *probrum*, Vorwurf, Schelte) der Karfreitagsliturgie, also die Klagelieder des Heilands.
Die Kreuzigung wird einzig mit den Worten, dass es zur sechsten Stunde war, durch ergreifende Orchesterklänge markiert. Am Schluss dann im strahlenden „In Te Domine speravi" – „Auf dich, o Herr, habe ich vertraut" – die kraftvolle Bitte um Erlösung.

Das Oratorium ist für Sopran, Bariton und Bass, einen Erzähler, für gemischten Knabenchor und Orchester ausgelegt. Der Erzähler übernimmt die Rolle des Evangelisten, und die Solisten singen die Partien von Christus, Petrus und Pilatus sowie der anderen biblischen Figuren.

Einer der emotionalen Höhepunkte des Werks ist die ausgedehnte Passacaglia „Popule meus". Es ist die aus der Karfreitagsliturgie übernommene Umdichtung des Weinbergliedes aus dem Propheten Jesaja (Kapitel 5,1–7). „Mein Volk, was habe ich dir getan, antworte mir." Diese Perle hebräischer Poesie ist ein Gesang enttäuschter Liebe. Jahwe selbst schlüpft in die Rolle des Brautwerbers. In einer Art Verfremdungseffekt wird er als Liebhaber vorgestellt, der als Besitzer eines Weinbergs den mühevollen Totaleinsatz zu dessen Kultivierung betrieben hat: das Graben, Pflanzen, Ausheben einer Kelter, das Entsteinen. Aber statt der erwarteten guten Trauben bringt der Weinberg nur faule Herlinge (kleine Trauben) hervor. War die Arbeit des Pflanzers von Liebe motiviert, so ist das Ausbleiben der entsprechenden Frucht fassungslose, enttäuschte Liebe. Was hätte ich noch tun sollen? Das Warum der Enttäuschung ist gut zu vernehmen. Dieses Warum bildet als unerklärbares Rätsel die Achse des Liebesliedes, um die sich alles dreht. Das Weinberggleichnis macht deutlich, dass Israel (der Weinberg) seine Existenz der voraussetzungslosen Liebe Gottes verdankt. Dieses Liebeslied klingt dissonant aus, wenn in einem einprägsamen Wortspiel die unbeantwortete Liebe Gottes in der Kreuzigung ihren tödlichen Ernst zeigt. Er ist der Blut-Bräutigam in der Hochzeitsnacht des Kreuzes. Hier Guttat, dort Bluttat: „Mein Volk, was habe ich dir getan, antworte mir." Die Passacaglia des „Popule meus" ist ein anschauliches Beispiel der Kunst Pendereckis, mit modernen musikalischen Techniken einen überzeitlichen Ausdruck zu erzeugen.

Ein weiteres Beispiel emotionaler Hochspannung, die das Werk charakterisiert, ist das „Stabat Mater". Penderecki hat es schon 1962 komponiert und setzt diesen ausführlichen unbegleiteten Satz „Christi Mutter stand mit Schmerzen bei dem Kreuz und weint von Herzen, da ihr lieber Sohn da hing" mitten in seine Passion hinein. Erst im 13. Jahrhundert, also im zweiten Jahrtausend nach Christus, tritt uns diese Dichtung erstmals entgegen. Auch wenn wir guten Grund haben anzunehmen, dass sich die Szene so nicht zugetragen haben kann, ist es ein Bild, das der Christenheit des Westens seit 700 Jahren ans Herz gewachsen ist. Ausgehend von den Predigten der „Gottesfreunde des Oberlandes" (das ist die Gegend zwischen Basel und Straßburg am oberen Rhein) gelangte es in die Kunst bzw. Dichtung und wurde Teil der Liturgie des 15. September, des „Festes der sieben Schmerzen Mariens".

Die wortgewaltigen Prediger des 14. Jahrhunderts, Meister Ekkehart, Johannes Tauler und Heinrich Seuse, ließen diese Andachtsbilder entstehen, da die Mutter den toten Sohn auf ihrem Schoß trägt. Vesperbild wird diese Pietà auch genannt, weil sie an den Abend des Karfreitags erinnert.

Krzysztof Penderecki sagt ausdrücklich, dass er die Lukaspassion gewählt habe, um den beiden großartigen Bachschen Werken der Matthäus- und Johannespassion nicht zu nahe zu treten. Aber die Matthäuspassion ist ein Werk des Abschieds, eines Abschieds unter Tränen. In einer Welt voller Unrecht und Gewalt ist es das Werk des sehend gewordenen Schmerzes, der im Verlassenheitsschrei des Gekreuzigten „Eli Eli..." gipfelt. Der grandiose Schlusschor „Wir setzen uns mit Tränen nieder" kann sogar als gültiger Ausdruck der heutigen Stimmungslage des Christentums in der westlichen Welt gesehen werden.

Auch in der Lukaspassion wird das Leiden in der Ausweglosigkeit der damaligen Mächte und Gewalten geschildert, aber bei aller Erniedrigung und Verspottung bleibt Jesus trotzdem der Handelnde.

Man hat das dritte Evangelium nicht zu Unrecht das *Evangelium der Barmherzigkeit* genannt. Wenn bei Matthäus Jesus als der neue Mose auftritt: „Den Alten wurde gesagt, ich aber sage euch", so ist hier vom Gesetz des Alten Bundes nichts mehr zu spüren. Wie ein roter Faden zieht sich durch das ganze ‚lukanische Sondergut', also durch die beinahe neun Kapitel des Evangeliums, die in keinem der drei anderen Evangelien zu finden sind, die Absage an jede Gesetzesreligion.

Der Erweis hierfür kann stellvertretend das „Gleichnis vom verlorenen Sohn" (Lukas 15, 11-32) sein. In diesem sprachlichen wie psychologischen Meisterwerk treffen zwei Menschentypen aufeinander. Der eine bleibt sein Leben lang in der Nähe Gottes (hier: Vater) und tut alles, was ihm dieser gebietet; aus Gehorsam und ohne Liebe. Das aber genügt nicht, obwohl der Vater ihm seinen Lohn nicht vorenthält. So hat er schmerzlich zu lernen, dass Liebe wichtiger ist als Gehorsam. Drama kennzeichnet den anderen Menschentypus. Vom Vater gut ausgerüstet, darf er seinem freien Willen folgen, sich von ihm entfernen und ein auf sich allein gestelltes Leben führen. Es endet schließlich in der Katastrophe, im Hunger. Er will zurück zum Vater. Der verlangt nichts von ihm – kein Opfer, kein Sündenbekenntnis, keine ethische oder kultische Leistung. Er freut sich einfach über seine Heimkehr.

Mit diesem Gleichnis verkündet Jesus einen schrankenlos liebenden Gott. Das war in dieser Ausschließlichkeit neu. Natürlich sagt auch Seneca, dass Gott seine Sonne über Gute und Böse scheinen lässt. Aber dass sich Gott mehr über einen zurückgekehrten Verlorenen freut als über 99 Gerechte, die der Buße nicht bedürfen (Lukas 15,7), das hat es in der ganzen Antike nicht gegeben.

Dass Dirnen und Zöllner *vor* den sogenannten Gerechten in das Reich Gottes kommen (Lukas 18, 9-14), das ist das Herzstück der Lehre Jesu über Gott. Und das ist in dieser Form weder hellenistisch noch jüdisch.

Jesus ist bei Lukas also nicht der Ordner der Welt, sondern ihr Heiler, ihr Heiland. Das Christentum ist keine asketische, sondern eine therapeutische Religion. Eine Absage also an jegliches: *du musst, du sollst, du darfst nicht.* Nur im Lukas-Evangelium führt Jesus auf seinem Kreuzweg zweimal ein Gespräch. Das eine Mal mit den weinenden Frauen, die ihn trösten wollen. Der Kontrast ist stark, dem schuldigen Volk steht das weinende Volk gegenüber, das doch nichts erreicht, denn das Weinen der Frauen ist unwirksam gegen das Handeln der Männer.

Der zweite Gesprächspartner Jesu ist bei Lukas der Mit-Gekreuzigte – ein Terrorist. Zwei bei einem Raubüberfall gefasste Verbrecher sind zugleich mit ihm hingerichtet worden, und einer bittet Jesus um sein Gedenken, wenn er in sein ‚Reich' kommt. Und Jesus antwortet ihm mit diesem berühmten Satz: „Heute noch wirst du mit mir im Paradies sein."

Jesus ist bei Lukas der bis zum letzten Atemzug Sich-für-die-Menschen-Hingebende. Er ist der Versöhner und Fürsprecher. In diesem Verzeihen des Unverzeihlichen sind wir der Barmherzigkeit Gottes am nächsten.

Vielleicht hat dies kaum jemand so klar erfasst wie Ernst Bloch mit seinem berühmten „Prinzip Hoffnung", wenn er diese Paradieses-Sehnsucht in die Worte fasst: „So entsteht in der Welt etwas, das allen in die Kindheit scheint und worin noch niemand war: ‚Heimat'".

Diese Heimat, dieses „radikale Heute" ist uns ‚ins Fleisch' geschrieben und sie hat uns mit seinem Tod am Kreuz verbunden. Es ist die Passion der Liebe, wie Lukas sie versteht. Mit dem Eintritt in diese Lebenssphäre Jesu, in dem „Heute noch wirst du mit mir im Paradies sein" ist selbst der letzte Rest von Sünde und Schuldverhaftung ausgetilgt. Im Osterlachen des Glaubens ist es bereits angestimmt.

Das Ende
der Gewalt

Entstanden anlässlich der Pfingstfestspiele 2013,
die unter dem Generalthema „Opfer" standen.
Vortrag am 20. August 2013

Wiederholt schon haben die Salzburger Festspiele mit ihren Produktionen das Thema *Opfer* aufgegriffen. So ist es angezeigt, sich mit ihm eingehender zu befassen.

Auf den ersten Blick scheint es, als hätte sich dieses Thema längst überlebt. Aber bei genauerem Hinsehen zeigt sich, dass wir in einer Zeit leben, die in beinahe jedem Ereignis nach Opfern und Tätern fahndet. Auch – oder erst recht – in einer Spaß- und Konsumkultur! Der Begriff Opfer ist aufs erste gesehen negativ besetzt, ja dieses Wort ist unter Jugendlichen heute sogar zu einem Schimpfwort geworden.

Wenn Jesus im Christentum als das Opferlamm dargestellt wird, sollten wir uns erinnern, dass es eigentlich kein Bild gibt, das wir uns mit biblischer Billigung von Gott machen dürfen. Allein das Bild von Gott, der dem geknechteten Menschen zu seinem Recht verhilft, ist zulässig. Sonst keines. Gott ist da, wo der Mensch geliebt und der Befreiungsimpuls weiter getragen wird. „Barmherzigkeit will ich, nicht Opfer", heißt es bereits im Alten Testament beim Propheten Hosea.

Das deutsche Wort Opfer stammt vom Lateinischen *operari*, was so viel heißt wie „tun, ausführen". Es bezeichnet also eine Tat, einen Ritus.

Das Hebräische kennt keinen Allgemeinbegriff für Opfer, dafür aber eine Vielfalt spezieller Ausdrücke.

Hier soll nun die Bedeutung des Wortes Opfer und der Versöhnung durchleuchtet werden und zwar zunächst in der vor- und außerchristlichen Religionsgeschichte. Dann gilt es, den Quantensprung zu bedenken, den der jüdische Opferkult im Christentum erfahren hat. Schließlich zeigen wir den Bedeutungswandel der Begriffe Opfer und Opfertod im 20. Jahrhundert.

In allen uns bekannten großen Kulturen – auch in der griechischen – bewegt sich das Opfer ursprünglich in der üblichen Dynamik. Es gilt, so Walter Burkert, die Formel *Blut um Blut*. Das Blut des Opfertieres fließt auf Haupt und Hände des Mörders; danach davon abgewaschen, ist er rein. Etwa um 400 v. Chr. beginnt ein Prozess des Umdenkens. Die Propheten begreifen allmählich, dass es Jahwe nicht um geopferte Tiere und Weihrauch geht, sondern um Gerechtigkeit. Es hatte sich also Kritik am Opferkult bemerkbar gemacht.

Im Psalm 40 heißt es: „An Schlacht- und Speiseopfern hast du kein Gefallen, Brand- und Sündopfer forderst du nicht. Doch das Gehör hast du mir eingepflanzt; darum sage ich: Ja, ich komme…

deinen Willen zu tun." Dieses uns eingepflanzte Gehör kennen wir besser unter dem Begriff Gewissen. Dieses hat jedoch nicht nur eine moralische Dimension; es gibt daneben gleichrangig und gleich gewichtig das kognitive und das ästhetische Gewissen.

Das Sozialopfer ist also das Verhalten, das bereits in der damaligen gesellschaftlich-politischen Situation dominieren soll. Es geht um die Hilfsbereitschaft gegenüber Witwen, Waisen, Armen und Unterdrückten. Das meint das Wort des Propheten Hosea: „Barmherzigkeit will ich, nicht Opfer."

Nicht durch Opfer und Blutströme, sondern durch ein reines Herz will Gott verehrt werden, schreibt später Seneca. Während der römischen Kaiserzeit bildet sich – wenn auch der Gedanke an einen liebenden Gott noch weit entfernt ist – in der jüdischen, christlichen und heidnischen Welt allmählich das Ideal der *Thysia logiké*, des geistigen Opfers, heraus. Trotzdem setzen sich die Blutkulte weiter fort. Kaiser Augustus stiftet in Rom etwa die *Ara pacis*, auf der jedes Jahr Stiere geopfert werden müssen. Das Blut sühnt das Leben, lautet die Summe der kultischen Sühnetheologie. Der Opfernde legt dem Tier die Hand auf, wodurch er sich mit ihm identifiziert. Dieses wird so stellvertretend zum Sündenbock gemacht. Ich brauche mich nicht zu ändern. Das Blut gehört grundsätzlich Gott, weswegen dem Menschen der Genuss untersagt ist. Ein solches Verbot von Blutgenuss gab es außer im Judentum in keiner anderen Religion des Orients in der Antike. In der Geste des Opfers drückte der Mensch die Abhängigkeit seines Lebens vor Gott aus und dass seine schuldig gewordene Existenz der Reparatur und der Neubesinnung bedarf.

Dem Begriff Versöhnung liegt die *Sühne* zugrunde, und diese ist mit dem Opferkult engstens verknüpft. Dass mir vergeben wird, setzt voraus, dass ich eine Gabe bringe, ein Opfer, ein materielles oder später eben ein symbolisches. Sucht man nach einem Modell für diesen Umdenkprozess, so bietet sich im Alten Testament die Gestalt Davids an, der Geliebte – das nämlich bedeutet sein Name. David ist mit mehr als tausend Nennungen die meistgenannte Person im Alten Testament. An ihm lässt sich vieles exemplarisch verdeutlichen. Zuerst wird der unbedeutende Hirte David von Jahwe auserwählt und zum bedeutendsten König Israels gemacht, bis er schließlich seine Macht missbraucht und den Mann der begehrten Frau an die vorderste Kriegsfront schickt, was dessen sicheren Tod zur Folge hat. Dann erkennt er, dass er gegen die Ordnung Jahwes gesündigt hat. Das Eingeständnis seines Vergehens und die Bereitschaft, zu sühnen und die Folgen zu tragen, werden aber zum Beginn eines neuen Lebens. Sein zweites Kind, Salomo – was „Friede" heißt –, bestätigt, dass Gott mit David versöhnt ist.

Mit Schuld leben, trotz Schuld leben – das ist die Erfahrung, die jeder Mensch macht und machen muss. Der *Cantus firmus* des Neuen Testamentes, der ohne das Alte Testament nicht zu vernehmen ist, lautet denn auch: Jesus Christus ist Gottes endgültige Antwort auf die Schuldfrage. Sein Opfer ist deshalb das letzte, es bedeutet das Ende des Opferkults, weil wir durch diesen Tod mit Gott bereits für immer versöhnt sind. Ohne die Opfertheologie des Alten Testamentes wäre das Neue Testament nicht verständlich.

Die biblischen Texte, die Jesus als den Ausgestoßenen zeigen, als Sündenbock und Opfer einer von Herrschaftsinteressen manipulierten Menge, bezeugen: Ehe er Gewalt anwenden oder flüchten würde, lässt er sich Gewalt antun und macht so das brutale Gesetz dieser Welt offenbar. Diese Offenbarung ist die Voraussetzung, dass der Opferkult unwirksam wird. Indem Jesus in diesem Spiel von Macht und Gewalt tiefste Verlassenheit von Gott erfährt, sich aber dennoch anvertraut: „In deine Hände lege ich meinen Geist", verwandelt sich alles.

Soweit wir die Menschheitsgeschichte zurück-verfolgen können, haben kultische Opfer stets einen herausragenden Platz eingenommen. Unverkennbar ist aber im Lauf der Entwicklung auch, wie sich Menschen mit guten Gründen von sakralen Menschenopfern verabschieden. Mit dem Christentum verschwinden eigentlich jegliche Beschwörungen, Orakelbefragungen, die Verehrung heiliger Bäume und dergleichen mehr. Der Apostel der Deutschen, Bonifatius, hat die Donareiche der Legende nach gefällt, und niemand wird sie jemals wieder pflanzen. Die Grundstruktur dieser Gedankenwelt ist die Aussonderung und die damit verbundene Opferung einzelner Menschen für die Gottheit. Auch im Alten Testament klingt dies noch deutlich nach, wenn Gott die Erstlingsgabe als Opfer dargebracht wird. Die Erstgeburt, die später durch ein Tier ersetzt wird, ist zunächst wahrscheinlich ebenfalls für Gott getötet worden. Das zeigen etwa die Abraham-Isaak-Geschichte und im Buch der Richter die Jephta-Geschichte.

Aber was ist das für eine Gottheit, die vor Zorn rast und besänftigt werden muss? Noch Martin Luther sah im Kreuzestod Jesu das Zorn- und Strafgericht Gottes. Und doch vermittelt uns das Kreuz vielmehr die Solidarität bis in den Tod. Diese Dimension nennen wir Liebe, und sie ermöglicht uns, neu von Gott zu sprechen. Christus ist nicht zufällig gestorben, sondern hat den Opfer-Mechanismus enthüllt und damit wirkungslos gemacht, er hat ihn durchbrochen und durch seine Haltung das Ende der Gewalt eingeläutet. Einzig im Vertrauen auf den liebenden Gott ist der Mensch von Schuld befreit und versöhnt.

Jesus verkündet den bedingungslosen Vergebungswillen Gottes. So ist Gott im Gekreuzigten allen Geschlagenen und Verachteten nahegekommen und will auch die Schreie der Verbrecher nicht übergehen. Er setzt sich ihrer Verzweiflung aus und gibt ihnen so ihre Würde als Mensch zurück. Wir sprechen heute sinnvollerweise von der „Christologie der Stellvertretung", in der Jesus zum Leidensgefährten aller Menschen wird, besonders der unschuldig geopferten.

Wie der Hohepriester Kaiaphas in der Passionsgeschichte des Evangeliums sagte, dass es besser sei, *ein* Mensch sterbe, als das ganze Volk gehe zugrunde, so versucht der Innsbrucker Theologe Józef Niewiadomski anhand der Katastrophe von Fukushima zu veranschaulichen, dass es auch heute Menschen gibt, die durch ihr ‚Opfer' das Leben anderer zu retten versuchen – wenn auch in ganz säkularem Zusammenhang. Die Arbeiter an der japanischen Atomkraftwerksruine haben ihr Leben riskiert und so Hunderttausende vor noch Schlimmerem bewahrt.

Zweimal bezieht sich der Evangelist Matthäus auf das Hosea-Wort „Barmherzigkeit will ich, nicht Opfer". „Als Jesus weiterging, sah er einen Mann namens Matthäus am Zoll sitzen und sagte zu ihm: Folge mir nach! Da stand Matthäus auf und folgte ihm. Und als Jesus in seinem Haus beim Essen war, kamen viele Zöllner und Sünder und aßen zusammen mit ihm und seinen Jüngern. Als die Pharisäer das sahen, sagten sie zu seinen Jüngern: Wie kann euer Meister zusammen mit Zöllnern und Sündern essen? Er hörte es und sagte: Nicht die Gesunden brauchen den Arzt, sondern die Kranken. Darum lernt, was es heißt: *Barmherzigkeit will ich, nicht Opfer*. Denn ich bin gekommen, um die Sünder zu rufen, nicht die Gerechten." (Matthäus 9,9-13 und 12,7).

Man hat diese schlechte Gesellschaft Jesu als skandalös empfunden, damals und noch heute: Das Gefälle zwischen dem Christus-Dogma und dem „Freund der Zöllner und Sünder" schien unüberbrückbar. Caravaggio hat dies auf dem römischen Altarbild eindrücklich dargestellt: Matthäus, der Zöllner, wird zum Apostel berufen. Sören Kierkegaard ist der Meinung, wir könnten dieses verschüttete Christusbild nur in einer „Christologie von innen" wiederfinden. Alle Bitt-, Dank- und Sühneopfer haben an Bedeutung verloren, da Jesus, der Christus heißt, gezeigt hat, dass das wahre Opfer (= Versöhnung) ohne Gewalt auskommt, vielmehr die „Liebe bis zum Ende" ist.

Im Neuen Testament sind wenige Worte überliefert, die den Kern der jesuanischen Botschaft so klar wiedergeben wie die Forderung „Barmherzigkeit will ich, nicht Opfer". Sie ist eine die Spirale menschlicher Gewalt für immer unterbrechende Haltung. Sie ist das Ziel christlicher Existenz. „Leistet keinen Widerstand!", steht bei Matthäus 5,39. Weder Jesus noch das Urchristentum kennen irgendeine Form von Heiligem Krieg.

Es gibt entgegen der Meinung vieler keinen vorgefassten Plan Gottes, der den Menschen ein Opferdasein auferlegt. Wir sind es, die Menschen aussondern und in die Opferrolle drängen. Wir brauchen scheinbar einen Sündenbock, der von uns selbst ablenkt. Nicht Gott muss – gemäß einer allzumenschlichen Vorstellung – durch Opfer gnädig gestimmt werden wie in den antiken Religionen.
Als „Liebhaber des Lebens" begleitet uns Gott vielmehr durch die tiefsten Abgründe in *sein* Reich, in dem andere Gesetze gelten. So wurde

durch das Sterben aus Liebe des geliebten Sohnes der Tod überwunden und in der Auferweckung besiegelt.

Die jüdische Opfertheologie weiß, dass das eigentlich Verhängnisvolle der Schuld die Zerstörung der Zukunft ist, die durch kein Tieropfer verhindert wird. Darum bringt nicht das Opfer die Versöhnung, sondern Gott allein bewirkt sie in dem sich ihm anvertrauenden Menschen. Er schenkt die Versöhnung frei und gnadenhaft. Der Opfermechanismus ist im Christentum ein für alle Mal durchbrochen.

In seiner weitum beachteten Recherche „Die neuen Gesichter Gottes" hat der Berliner Professor Klaus-Dieter Jörns die Frage ergründet, was Menschen heute wirklich glauben. Das größte Problem der Menschen des frühen 21. Jahrhunderts ist demnach längst nicht mehr Luthers Frage, wie er einen gnädigen Gott bekomme. Es ist heute in Bezug auf das Sündenbewusstsein und das göttliche Erlösungswerk zu einem totalen Bruch mit der Tradition gekommen. Ja, es ist damit eine ganze Dimension der Erlösungslehre weggebrochen. An die Stelle von Schuld und Sündennot ist Angst, Sorge, Bedrückung, Mangel an Sinn, und an die Stelle von ewigem Heil Friede und Geborgenheit getreten.

Schon vor 200 Jahren hat der Lutheraner Johann Sebastian Bach darauf bestanden, dass Luthers Rechtfertigungslehre im Widerspruch zur bedingungslosen Liebe Gottes zu den Menschen steht und hat dies in seinem wunderbaren Chor „Es ist nun nichts Verdammliches an jenen, die in Christus Jesus sind" in der Motette „Jesu, meine Freude" nach einem Pauluswort zum Ausdruck gebracht. (Römer 8,1)

Das Ende des Opferkults bedeutet aber den Beginn des Selbsteinsatzes. Das meint das Wort „Barmherzigkeit will ich, nicht Opfer". Damit entsteht jener Raum, in dem das äußerliche Opfer und das Heilige (Sakrale) nicht mehr zusammengehören und den wir als spezifisch christlich ansehen.

Wie aber konnte es geschehen, dass im 20. Jahrhundert der Opfertod sogar heroisiert wurde – ein Rückfall in längst überwunden Geglaubtes? Die politische Opfer- und Kriegsrhetorik der ersten Hälfte des 20. Jahrhunderts, die propagandistische Rede von der Notwendigkeit, das eigene Leben für das Vaterland zum Opfer zu bringen, hat sich in der westlichen Kultur der Neuzeit als zentraler Begriff niedergeschlagen. Und mindestens so befremdlich: Spätestens am 11. September 2001 betrat ein neuer Märtyrertypus die Weltbühne.

Die Ausdrücke Terror und Terrorismus kannte man zwar bereits aus der Französischen Revolution, natürlich aber sind sie von den antiken Opferpraktiken und Martyrien zu unterscheiden. Diesen Typus des modernen Terroristen charakterisiert mit Iwan Kaljajew bereits Albert Camus in seiner Erzählung „Die Gerechten". Kaljajew verzichtet auf Begnadigung, denn er will den Tod des von ihm ermordeten Großfürsten mit seiner eigenen Hinrichtung sühnen. Er begleicht eine Rechnung Tod gegen Tod. Als Selbstmordattentäter reißt er viele unschuldige Menschen, die zufällig am falschen Ort sind, in seinen Tod hinein. Er führt keine Debatten über Opfer und Gerechtigkeit, sondern verwandelt sich in eine Bombe. Bloßes Mittel zum Zweck – darin identisch mit seinen Opfern.

Der unschuldige Tod so vieler kann in der Tat mit dem Tod Jesu verglichen werden. Die unschuldig Leidenden drücken das Leiden an der Welt aus und sind so Gegenwart des gekreuzigten Christus.

Es bleibt als bestürzende Einsicht: Wieviel unschuldiges Leiden gibt es auch heute, um von anderem abzulenken. In jedem von uns steckt sowieso eine Fülle des anderen Lebens, das ersterben musste, um unseren Anfang zu ermöglichen. Das Johannes-Evangelium hat uns ein Jesuswort überliefert, das aus dem Ritus von Eleusis stammt

(Johannes 12,24): „Wenn das Weizenkorn nicht in die Erde fällt und stirbt, bleibt es allein; wenn es aber stirbt, bringt es reiche Frucht." Hier artikuliert sich die jenseitige Hoffnung darauf, dass dem Tod aus Liebe das eigentliche Leben folgt: „Wer das Leben gewinnen will, wird es verlieren; wer aber das Leben um meinetwillen verliert, wird es gewinnen." (Matthäus 10,39) Es ist diese Opfer-Hingabe, die die Christenheit in der Liturgie der Eucharistie feiert. Gott will keine wie immer gearteten Brand-, Sühne-, Rauch- oder Heilsopfer, aber das Hingabe-Opfer bleibt uns nicht erspart, denn die Liebe zu allen und zu allem ist das christliche Ziel.

Warum der Leidende der Retter ist

Zu Georg Friedrich Händels „Messias"
Vortrag vom 20. Juli 2012

Am 13. April 1742 ist Händels „Messias" in Dublin zur Uraufführung gelangt und seither in unzähligen musikalischen Deutungen immer wieder erklungen. Das Werk ist ein Fixstern der geistlichen Musik des Abendlandes. Deshalb soll man es in seiner theologischen Dimension auch ein wenig nachvollziehen können.

Wenn an einen Komponisten der Auftrag erging, eine Messe oder einen Text aus dem Stundengebet zu vertonen, war er exakt an die kirchlichen Vorlagen gebunden. Bei Mozarts „Vesperae solennes", bei Bruckners „Te Deum" oder Beethovens „Missa solemnis" und bei vielen anderen Werken ist dies der Fall. Bei Georg Friedrich Händels „Messias" verhält es sich durchaus anders.

Waren die liturgischen Kompositionen ausschließlich für sakrale Räume bestimmt, so ist das Oratorium ein musikalisches Drama (wie es auch die Oper ist), allerdings auf imaginärer geistiger Bühne. Die primären Aufführungsorte von Oratorien waren also nicht kirchliche Gottesdienste. Der Name Oratorium ist so zufällig wie vieles andere in der Kunstgeschichte auch. Er hat seinen Ursprung im Rom des 16. Jahrhunderts und geht auf eine der erfreulichsten Erscheinungen des damaligen kirchlichen Lebens der ewigen Stadt zurück, auf Philipp Neri (1515–1595). Dieser heilige

Mann hatte in San Girolamo della Carità – so hieß die Institution – einen Betsaal geschaffen, der den Namen Oratorium trug. Es war ein Mittelding zwischen Kirche und Hörsaal. Dort wurden Betübungen, Gesänge und geistliche Lesungen veranstaltet. Mit der Zeit erhielten die in diesem Betsaal aufgeführten musikalischen Darbietungen den Namen des Raumes selbst. Der musikalische Gattungsbegriff *Oratorium* war geboren. Die Musikgeschichte ist übereingekommen, die Bezeichnung zum allerersten Mal einem Werk des Komponisten Emilio de Cavalieri aus dem Jahre 1600 zu geben: dem „Spiel von Seele und Leib" („Rappresentatione di anima et di corpo"), das übrigens 1970 bei den Salzburger Festspielen in der Kollegienkirche von Bernhard Paumgartner zur Aufführung gebracht wurde.

Georg Friedrich Händel bekam von seinem Freund und Theologen Charles Jennens, den er in London kennengelernt hatte, Texte geliefert. Die Auswahl hat dieser selbst getroffen. Es handelt sich um eine erst- und einmalige Zusammenstellung biblischer Texte, die zum größten Teil aus dem Alten Testament stammen, und sie sollten das Geheimnis der Messias-Gestalt umgreifen.

Am 20. März 1824 schrieb Carl Friedrich Zelter an Goethe: „Herder hat irgendwo Händels Messias ein christliches Epos genannt, und das ist das Rechte mit Einem Worte; denn in der Tat enthält dies Werk in seiner fragmentarischen Zusammensetzung das ganze Konvolut seines Christentums, so treu und ehrlich als vernünftig poetisch." Und Goethe, der den „Messias" in der Zwischenzeit wieder gehört hatte, antwortete ihm am 28. April desselben Jahres: „Dem Gedanken, dass es eine Sammlung sei, ein Zusammenstellen aus einem reichen Vorrat von Einzelheiten, bin ich nicht abgeneigt: denn es ist im Grunde ganz einerlei, ob sich die Einheit am Anfang oder am Ende bildet. Der Geist ist es immer, der sie hervorbringt."

Unternimmt man den Versuch, die Texte des Librettos mit der religiös-gesellschaftspolitischen Stimmung der ersten Hälfte des 18. Jahrhunderts in Beziehung zu setzen, ergibt sich etwa folgendes Bild.

Nicht nur die *Church of England*, sondern ebenso das bürgerliche Publikum, für das Händel letztlich schrieb, betrachtete das Alte Testament als Geschichte in einem gegenständlichen Sinn. Die großen Schlachten, die geschlagenen und siegreichen Könige wurden eins zu eins auf die Zeitgeschichte Englands übertragen. Nur war das auserwählte Volk nicht mehr Israel, sondern England. Das englische Bibelverständnis des 18. Jahrhunderts durchzieht das ganze Werk: „Ist Gott für uns, wer ist dann gegen uns?" (Römer 8,31) Dies erklärt eben auch den Titel des Werkes. So heißt das Oratorium ganz bewusst „Messias" und nicht Jesus Christus.

Als das Werk außerhalb von England seinen Siegeszug antrat und vor allem in Deutschland auf ein ganz anderes Glaubensverständnis stieß, wurde es auch völlig anders interpretiert. Johann Gottfried Herder sieht eine gewisse Ähnlichkeit mit den Texten der Heiligen Messe, und Johann Adam Heller schreibt 1786 über den Schlusschor, dass dieser eine Wirkung hervorbringe, „die nicht feyerlicher, erhebender, nicht himmlischer seyn" könne.

Was meint nun die Grundurkunde unseres Glaubens, das Neue Testament, wenn es dem Zimmermannssohn aus Nazareth den Titel „Messias" gibt?

Das griechische Wort *Christos* ist eine Würdebezeichnung, ein Titel. Im Hebräischen lautet er *maschiach*. In seiner griechischen Form ist er uns als *Messias* geläufig. Es ist deshalb unumgänglich, auf die Vorgeschichte dieses Begriffs im Alten Testament und im Judentum zurückzublicken.

Wenn wir im hebräisch geschriebenen Alten Testament (heute besser als *Erstes* Testament bezeichnet) von Salbung oder Gesalbten lesen, so hat das immer mit dem Kult zu tun. Gottesdienstliche Geräte, Altäre und das Heiligtum selbst werden gesalbt. Von den dort diensttuenden Priestern kommt nur einem einzigen die Salbung zu, dem Hohenpriester. Am häufigsten aber wird die Salbung in Zusammenhang mit dem König erwähnt. Er ist der Segensmittler seines Volkes und bemächtigt, als Stellvertreter Gottes zu handeln: Deshalb trägt er den Titel *ha maschiach* („der Gesalbte"). Aber auch von der Salbung der Propheten ist die Rede. In Jesaja 61,1 sagt der Prophet von sich selbst: „Der Geist Gottes, des Herrn, ruht auf mir; denn der Herr hat mich gesalbt." Gesalbtsein heißt also, vom Geist Gottes ergriffen sein.

Diese drei Ämter – Priester, König, Prophet – waren, obwohl in der ältesten Zeit Israels in einer Person versammelt – inzwischen auf drei Gruppen von Amtsträgern verteilt. In der Person Jesu sind sie wieder zusammengekommen.

Das Judentum zur Zeit Jesu hat zwar geahnt und gehofft, dass einst ein König kommen wird, der die Gottesherrschaft herauführt, das Recht und den durch die Sünden verlorenen Gottesfrieden wieder herstellt, dass es einen Propheten geben wird, der im Geist Gottes große Wunder tut und durch sein stellvertretendes Leiden und seinen Tod das Gericht abwendet.

Dass diese Gestalten wieder in einer einzigen Person verschmelzen, noch dazu in erwartbarer geschichtlicher Zeit, das konnte das damalige Israel nicht wissen.

In den spätrabbinischen Schriften, die sich intensiv mit der Frage des Verhältnisses Israels zur gesamten Schöpfung befassen, findet man den Gedanken, dass Gott vor der Erschaffung der Welt bereits sieben andere Dinge erschuf. Zu diesen gehört neben dem Paradies, Schabbat, Thron Gottes, Tempel, die Tora (= Weisheit), die Umkehr – und eben auch der Messias; nicht der Prophet und nicht der König. Der christliche Präexistenzgedanke hat unter anderem hier seine Wurzel.

Wenn man das Neue oder *Zweite* Testament nach den Namen oder Titeln Jesu befragt, so kann man 18 Hoheitstitel entdecken, und keiner ist mit dem anderen deckungsgleich. Jesus wird Rabbi, Herr, Heiland, Retter, Menschensohn, Prophet, Gerechter, Sohn Gottes, Messias genannt, um nur die Wichtigsten zu nennen.

Wieso aber nannten sich die Nachfolger Jesu nicht Jesuaner oder Jesuiten, sondern *Christen?* Es hat die Zeitspanne von mindestens einer Generation gebraucht, bis sich die Bezeichnung *Christen* durchgesetzt hat. Denn als sich Paulus in seiner christenfeindlichen Zeit in Jerusalem eine Vollmacht des Hohen Rates geben ließ, um die Anhänger dieses Jesus verhaften zu können, ging er nicht auf Christenfang, sondern er verfolgte „die Anhänger des neuen Weges" (Apostelgeschichte 9). Man sah im Christentum zunächst eine parallele Entwicklung zum immer noch gangbaren ersten Weg des Judentums. Der Würdetitel *Christos*, also der „Gesalbte", hat sich im Lauf der Zeit immer enger mit dem Namen Jesus verbunden, sodass er schließlich als Teil des Namens selbst wahrgenommen wurde.

Im Neuen Testament gibt es kein Heil und keine Gottesherrschaft ohne den Gesalbten, ohne Messias. Jesus wurde nicht deshalb als Gotteslästerer verurteilt, weil er sich als Sohn Gottes bezeichnet hatte, sondern weil er sich selbst dann noch als Messias ausgab, als er bereits gefangen, verhöhnt und geschlagen worden war, sich also als machtlos erwiesen hatte, was gleichbedeutend war mit „von Gott verworfen". Nach jüdischer Auffassung spiegelt der kommende Messias-König die Macht und Herrlichkeit Gottes. Das Bild vom leidenden Messias aber wurde als ganz und gar ungehörig empfunden. Darum auch konnte Israel das Bild vom leidenden Gottesknecht (Jesaja 53) nicht messianisch verstehen, sondern hat dessen Leiden vielmehr auf das Volk umgedeutet: Ganz Israel ist der leidende Gottesknecht.

Das heißt also, dass die Verbindung des *Christos-Messias*-Titels mit der Kreuzigung eine Revolution, einen völligen Neuansatz darstellt. Der jüdische Vorstellungsgehalt des Messiasbegriffes ist hier total umgeformt worden. Jesus ist eben als Messias gekreuzigt worden. Dieser verchristlichte Messiasbegriff machte es erst möglich, das gesamte Leben und Wirken Jesu zu verstehen. Aber wenden wir uns jetzt den Texten des Oratoriums zu.

Der Librettist Charles Jennens hat das Oratorium in drei große Abschnitte gegliedert. Im Vorwort sagt der Autor, dass das Geheimnis Gottes der Messias ist, in dem alle Schätze der Weisheit und der Erkenntnis verborgen liegen und die nun ausgebreitet werden sollen (Kolosser 2,3). Im ersten Teil ist die Weissagung über den Messias und ihre Erfüllung das Thema. In eindrücklicher Weise wird offenbar, wie sehr der erste und der zweite Bund (also Judentum und Christentum) innerlich eine Einheit bilden und einer ohne den anderen nicht bestehen kann.

Der zweite Teil schildert Passion und Auferstehung, der dritte und letzte Teil schließlich ist

Meditation und Bekenntnis. Hier geht es um die Verherrlichung des Messiasgedankens, der die Welt erfüllt und überwindet. Mag die Leidensgeschichte auch in der Werkmitte stehen, Händels Messias ist nicht der Dulder wie in der Bachschen Matthäuspassion, sondern Weltenherrscher und Himmelskönig. Er ist eins mit dem allmächtigen Gott.

Es ist die bleibende Frage der Geschichte: *Cur Deus homo?* Warum ist Gott Mensch geworden? Bereits der lyrisch-hymnische Beginn „Tröste dich, mein Volk" oder die Prophezeiung „Das Volk, das da wandelt im Dunkeln, sieht ein großes Licht" (Jesaja 9,1) lässt dogmatische Beweise in den Hintergrund treten. Die Musik selbst klingt wie eine Verheißung aus einer anderen Welt.
Im zweiten Teil ist die Stimmung völlig verändert. Der Chor klagt von den Leiden des Herrn, der stellvertretend für unsere Sünden das Heil der Welt bewirkt. Hohn und Spott der Passion haben nicht das letzte Wort. Aus dem Durchgang des Messias durch das Leiden erwächst die Auferstehung. „Auf, zerreißet ihre Bande!" Das Zeugnis von der Macht Gottes bestätigt der Chor in einem der inspiriertesten Stücke, die Händel jemals gelungen sind: im großen Halleluja, das den zweiten Teil des Messias beschließt und zum dritten überleitet. Die Sopranarie „Ich weiß, dass mein

Erlöser lebt" bringt den eigentlichen Höhepunkt des Werks als eine große Verinnerlichung.

Ich halte diese Arie für den Schlüsseltext des Werkes. Nicht, weil er der Lieblingstext der Schwester des Komponisten war, sondern weil von seiner Warte aus das Geheimnis des Messias verständlich wird. „Ich weiß, dass mein Erlöser lebt" ist ein Zitat – übrigens das einzige – aus dem Buch Hiob (Kapitel 19,25).

Worum also geht es?

Das Buch Hiob, diese grandiose Dichtung, die zu den allerersten Leistungen menschlichen Geistes gehört und mit Dantes „Göttlicher Komödie" und Goethes „Faust" in eine Reihe zu stellen ist, greift das Problem des Leidens der Unschuldigen auf. Der unbekannte Verfasser zeigt, wie sehr uns das Problem des Leidens zur herausfordernden Frage wird.

Vor dem Thron Gottes versammeln sich die „Göttersöhne". Auch Satan ist darunter. Gott überlässt ihm den frommen Hiob zur Prüfung, obwohl dessen Gottesfurcht und untadeliger Lebenswandel völlig außer Zweifel stehen.

Satan darf mit ihm, dem Unschuldigen, alles machen. Nur töten darf er ihn nicht. Dann nimmt das Unheil seinen Lauf. Hiob verliert sein Vermögen, seine Familie, seine Gesundheit, bis er schlussendlich auf dem Misthaufen sitzt und seine Frau ihm die größten Vorwürfe macht. Wozu die Frömmigkeit, wenn dies das Ergebnis ist? Alle Erklärungs- und Tröstungsversuche seiner Freunde und Nachbarn greifen ins Leere.

So kann in Hiob ein Vorausbild von Jesus gesehen werden. Auch er ist unschuldig. Auch ihn trifft die härteste Strafe. Die Menschwerdung des Messias, des Christos, ist also im Buch Hiob wie auch im Buch Jesaja bereits grundgelegt. Das stellvertretende Leiden des Gottesknechtes (Kapitel 53) ist trotz gegenteiligen Anscheins letztlich eine siegreiche Kunde: Dass dieses Leben trotzdem einen Sinn hat und auf ein größeres Ziel gerichtet ist.

Was zu diesem Thema schließlich noch wünschenswert erscheint, wäre dies: Einmal mit Israel über den Messias reden!
Nicht in Formeln, sondern mit Geist und in Weisheit über den Messias in einen Dialog treten, zu dessen Ankunft in Jesus wir uns bekennen und den Israel noch erwartet. Es ginge dabei natürlich nicht um eine Einigung oder um einen Kompromiss, auch nicht um die historischen oder humanen Aspekte des Messias-Themas, sondern darum, das Entscheidende dieses Mysteriums mit jenen Menschen ans Licht und ins Wort zu bringen, die – wie wir – aus ihm leben. Diese Zwiesprache kann die Kirche weder mit den anderen

Religionen noch mit Atheisten führen. Israel ist nicht eine Religion wie andere auch. Israel ist der erste Empfänger und Hüter dieser Messias-Offenbarung. Das Verhältnis der Kirche zu Israel ist deshalb einzigartig. Es sind in den letzten Jahren bedeutende Dialog-Ansätze gemacht worden, aber das Bemühen sollte fortgesetzt werden – und zwar bis zu jenem Punkt, da Hirn und Herz wissen, was schon Augustinus formuliert hat: „Novum testamentum in vetere latet, vetus testamentum in novo patet." „Das Neue Testament ist verborgen im Alten und das Alte ist offenbar im Neuen." So viel Schuld und Scham lastet auf uns, weil wir davon so wenig begriffen haben.

Israel und die Kirche – wir beide warten auf den Messias. Kommt er zum ersten oder kommt er zum zweiten Mal? Er wird auf jeden Fall kommen, und wir hoffen, dass er derselbe ist.

Inhalt

Die Texte dieses Buches basieren auf Vorträgen des Autors bei den Freunden der Salzburger Festspiele.
Für die Bibelzitate wurde die Einheitsübersetzung der Heiligen Schrift verwendet.

Bibliografische Information der
Deutschen Nationalbibliothek
Die Deutsche Nationalbibliothek verzeichnet die Publikation in der Deutschen Nationalbibliografie; detaillierte bibliografische Daten sind im Internet über
http://dnb.ddb.de abrufbar

© 2018 müry salzmann
Salzburg – Wien
Umschlag und S. 21: Dionysos mit Gefolge auf einem attischen Kelchkrater, um 500 v. Chr., Kreis des Antimenes-Malers (Details)
Druck: Christian Theiss GmbH, St. Stefan im Lavanttal
ISBN 978-3-99014-183-0
www.muerysalzmann.at